CHRISTINE LANGE

Gelassenheit

Sicherheit für Pferd und Reiter

CHRISTINE LANGE

Gelassenheit
Sicherheit für Pferd und Reiter

ÜBUNGEN FÜR PRAXIS UND PRÜFUNG

blv

Bibliographische Information der Deutschen Bibliothek

Die Deutsche Bibliothek verzeichnet diese Publikation in der Deutschen Nationalbibliographie; detaillierte bibliographische Daten sind im Internet über http://dnb.ddb.de abrufbar.

BLV Verlagsgesellschaft mbH
München Wien Zürich
80797 München

Hinweis
Das vorliegende Buch wurde sorgfältig erarbeitet. Dennoch erfolgen alle Angaben ohne Gewähr. Weder Autoren noch Verlag können für eventuelle Nachteile oder Schäden, die aus den im Buch vorgestellten Übungen und Informationen resultieren, eine Haftung übernehmen.

Bildnachweis:
Christine Lange: 2, 6, 7, 10, 11, 13, 14, 15, 18, 19, 20, 23, 24, 25, 26, 28, 33, 36, 37, 39, 43, 45, 47, 48, 54, 55, 57, 61, 62, 63, 68, 69, 75, 78, 85, 88, 89, 92, 93
Lothar Lenz: 41, 49, 50, 51, 52, 53, 58, 65
Edgar Schöpal: 8
Olav Krenz: 66, 74, 76, 80, 81, 82 unten
Ramona Dünisch: 73, 77, 82 oben, 83

Grafiken: Jörg Mair

Umschlaggestaltung: Anja Masuch, Puchheim b. München
Umschlagfotos: Umschlagvorderseite: Lothar Lenz
Umschlagrückseite: Lothar Lenz (oben und unten), Christine Lange (Mitte)

Layoutkonzept Innenteil: Angelika Tröger

Lektorat: Annette Rose, Christa Klus-Neufanger, München
Herstellung: Angelika Tröger
Layout und Satz: Uhl + Massopust, Aalen
Reproduktionen: Lithotronic Media GmbH, Frankfurt/M.

Gedruckt auf chlorfrei gebleichtem Papier

Printed in Germany · ISBN 3-405-16625-X

Inhalt

Ein paar Worte vorab

»Dein Pferd ist aber cool!« Ein schönes Kompliment für Ihren vierbeinigen Partner… und auch für Sie selbst. Denn schließlich trägt die Art und Weise, wie Sie Ihr Pferd halten, mit ihm umgehen und es trainieren, viel zu seiner Gelassenheit – als Synonym zu diesem Begriff werden im Lexikon auch Fassung, Selbstbeherrschung, Ausgeglichenheit und innere Ruhe genannt – bei.

Ein Pferd gilt als cool, ausgeglichen oder nervenstark, wenn es sich für seine Umgebung interessiert, jedoch nicht vor allem und jedem erschrickt. Grundvoraussetzung für seine Nervenstärke ist das Vertrauen in sein Leittier, also den Menschen. Umgekehrt heißt das, dass Schreckhaftigkeit durch eine liebevoll-konsequente Erziehung und ein gezieltes Training deutlich vermindert werden kann. Wichtiger Nebeneffekt dieser Übungen: Das Risiko von Unfällen in Stall und Hof, Gelände und Straßenverkehr kann deutlich vermindert

Gelassenes Pferd – zufriedener Mensch: Diese Kombination ist die beste Voraussetzung für harmonischen Pferdesport.

werden, innere Ruhe wirkt sich vorteilhaft auf den Wettkampf aus, wenn durch Turnieratmosphäre und Transport Stresssituationen entstehen können.

Eigentlich war es nur eine Frage der Zeit, dass die Gelassenheit selbst zum Wettbewerbsinhalt für Pferde wurde. Im Sommer 2002 fand auf der Fachmesse Eurocheval in Offenburg erstmals eine »Gelassenheitsprüfung (GHP) für Sport- und Freizeitpferde« statt. Bei diesem von der Deutschen Reiterlichen Vereinigung (FN) und der Zeitschrift CAVALLO entwickelten Wettbewerb steigt der Reiter nicht in den Sattel, er beweist vielmehr mit dem Pferd an der Hand, dass es ihm vertraut und gehorcht. Im Parcours warten zehn Situationen, wie sie jederzeit im Alltag auftreten können: heranrollende Bälle, aufschnappende Regenschirme, eine unruhige Geräuschkulisse…

Diese neue Prüfung möchte nicht nur bei breitensportlichen Veranstaltungen neue Akzente setzen, sondern Pferdehalter motivieren, ihre Tiere zu umgänglicheren, sichereren Partnern zu erziehen. Wäre das nicht auch für Sie und Ihr Pferd ein schönes Ziel? Und indem Sie sich systematisch auf eine Vielzahl gefahrenträchtiger Alltagssituationen vorbereiten, schaffen Sie gleichzeitig eine solide Grundlage für ein Mehr an Gesundheit, Wohlbefinden und Harmonie!

Dieses Buch möchte Ihnen aufzeigen, wie Sie dabei Schritt für Schritt vorgehen. Und ganz egal, welche Beweggründe Sie für das Training

haben – Sie und Ihr Pferd werden sich auf jeden Fall bei unseren Übungen besser kennen lernen, Vertrauen zueinander aufbauen und jede Menge Spaß haben!

Fluchttier Pferd – Grundbedürfnisse und Verhaltensmuster

Das Nervensystem

Egal, ob Pferd oder Mensch: Gelassenheit hat etwas mit Nervenstärke zu tun. Nerven (lat. nervus = Sehne, Saite) sind Organe, die – von Gehirn und Rückenmark ausgehend – den Körper von Menschen und Wirbeltieren wie ein Netzwerk durchziehen.

Über das *animale Nervensystem* oder die *Lebensnerven* setzen wir uns mit unserer Umwelt auseinander. Die Wahrnehmungen unserer Sinnesorgane fahren – stark vereinfacht ausgedrückt – wie Autos, bepackt mit Informationen, auf Nervenbahnen und -strängen zum Gehirn. Dieses wertet die Nachrichten aus und schickt über andere Nervenbahnen Befehle an einzelne Körperteile: »Lauf weg!«, »Friss das köstliche Gras!« oder »Wehr dich!«. Das *vegetative* (*autonome*) Nervensystem regelt alle inneren Körperfunktionen wie Herzschlag, Atmung und Kreislauf. Wie sehr das Wohlbefinden vom reibungslosen Funktionieren unseres Nervensystems abhängt, zeigen Redewendungen wie »Du verlierst leicht die Nerven!« oder »Ich bekomme gleich einen Nervenzusammenbruch!«, aber auch »Nervenstarkes Pferd gesucht!«

Alles, was wir sehen, hören, riechen, schmecken und fühlen können, sind Wahrnehmungen, in der Fachsprache auch Reize genannt. Beim Pferd wie auch bei jedem anderen Lebewesen gibt es unterschiedliche Wahrnehmungsschwellen. Scheut das eine, sobald ein Vögelchen durchs Geäst hüpft, ist seine Reizschwelle niedrig. Sein Stallnachbar, der mit einem Ohr zuckt, wenn der Sattelschlepper an ihm vorbeirattert, besitzt hingegen Nerven »wie Drahtseile«. Unter Reizschwelle verstehen wir also die Grenze, die ein Reiz überschreiten muss, um eine Erregung im Nervensystem bzw. eine Reaktion auszulösen. Das bedeutet gleichzeitig, dass, wer sich größere Gelassenheit für sein Pferd wünscht, dessen Reizschwelle allmählich anheben muss.

> Je besser das Gehirn zwischen gefährlichen und harmlosen Situationen unterscheiden kann, desto präzisere Befehle kann es dem Körper erteilen. Je seltener das Gehirn eine Situation als bedrohlich einstuft, desto höher ist die Reizschwelle des Lebewesens. Je höher die Reizschwelle ist, desto gelassener reagiert das Lebewesen.

Es ist kraftvoll, leistungsstark und schön… und dennoch ein echtes Fluchttier!

Wahrnehmung und Reaktion

Das Denken und Handeln eines Pferdes ist von den Bedürfnissen und Verhaltensweisen geprägt, die es im Laufe von Jahrmillionen als Beute- und Fluchttier entwickelt hat. Wie alle anderen Lebewesen hat auch das Pferd den Urtrieb zu überleben und sich fortzupflanzen. Dafür muss es Nahrung aufnehmen, sich paaren, Nachkommen aufziehen und sich vor Feinden schützen.

Dieses Instinktverhalten ist ihm angeboren und muss nicht erst erlernt werden – es wird durch bestimmte Reizsituationen ausgelöst:

»Was geht dort vor?« Ist die Aufmerksamkeit geweckt, konzentrieren sich alle Sinne auf das Geschehen.

Hunger führt zur Nahrungsaufnahme, Brünstigkeit zum Geschlechtspartner. Die Grenzen zwischen Aktion und Reaktion verlaufen oft fließend. Das Pferd verspürt Juckreiz und fordert den Artgenossen zum Fellkraulen auf. Es nimmt eine Bewegung im Gras wahr, bringt sich mit einem Sprung zur Seite aus der akuten Gefahrenzone und entscheidet dann blitzschnell, ob sein Leben ernsthaft bedroht ist – es also fliehen muss – oder nicht.

Sensible Sinne
Alle Wahrnehmungsorgane des Pferdes sind auf eine optimale Reizaufnahme ausgerichtet:

Die hoch sitzenden, seitlich am Kopf angeordneten Augen gewährleisten eine gute Rundumsicht; die großen, trichterförmigen Ohren sind nach allen Seiten hin beweglich; die feine Nase wittert Raubtiere von weitem; die gesamte Körperoberfläche ist mit empfindsamen Tastnerven ausgestattet und Geschmacksnerven in der Maulhöhle unterscheiden zwischen genießbaren und unbekömmlichen Pflanzen.

Meldet einer dieser Sinne »Achtung!« – selbst, wenn bloß eine kleine Frucht aus dem Geäst auf seine Kruppe fällt – wird das Pferd in Alarmbereitschaft versetzt. Seine Fähigkeit, eine Wahrnehmung richtig zu deuten (»Nur eine Eichel!« oder aber »Da lauert eine Raubkatze!«), verbessert sich mit seiner Lebenserfahrung stetig. Als Fohlen orientiert es sich vorrangig an seiner Mutter und der gesamten Herde, später übernimmt es häufig selbst die Rolle des verlässlichen Wachpostens.

Lernfähigkeit
Neben seinem rein instinktgebundenen Verhalten ist das Pferd als höheres Säugetier auch fähig zu lernen. Es lernt zunächst durch Prägung, indem es eine angeborene Verhaltensweise schnell mit neuen Erfahrungen verbindet (»Meine Mutter lässt mich trinken – die anderen Stuten aber nicht!«), später auch unbewusst, wenn es mit seiner Herde durchs Land wandert und sich die Besonderheiten seines Territoriums einprägt. Mensch und Pferd sprechen, da sie verschiedenen Gattungen angehören, zunächst nicht die gleiche Sprache. Wie sie trotzdem miteinander kommunizieren können, wird auf Seite 26ff. besprochen werden. Bei jedem Tier sind Lernbereitschaft und -fähigkeit unterschiedlich stark ausgeprägt, aber unabdingbare Voraussetzung für die Domestizierung des Pferdes.

Flucht- und Kampfmechanismen

Wer ein Pferd wirklich verstehen will, darf die Tatsache, dass es zu den Beutetierarten gehört, nie vergessen! Vor 35 Millionen Jahren besaß *Eohippus* noch Zehen und huschte als fuchsgroßer Blattfresser durch die Urwälder des Eozän. Als auf unserem Planeten lichte Graslandschaften entstanden, veränderten sich durch natürliche Auslese allmählich auch seine Körpermerkmale: Es entwickelte einen auf rohfaserreiche Kost ausgelegten Verdauungstrakt, lange Gliedmaßen, harte Hufe und ein großes Herz-Lungen-Volumen. Am Ende dieser Entwicklung stand *Equus*, die Gattung aller heute lebenden Einhufer.

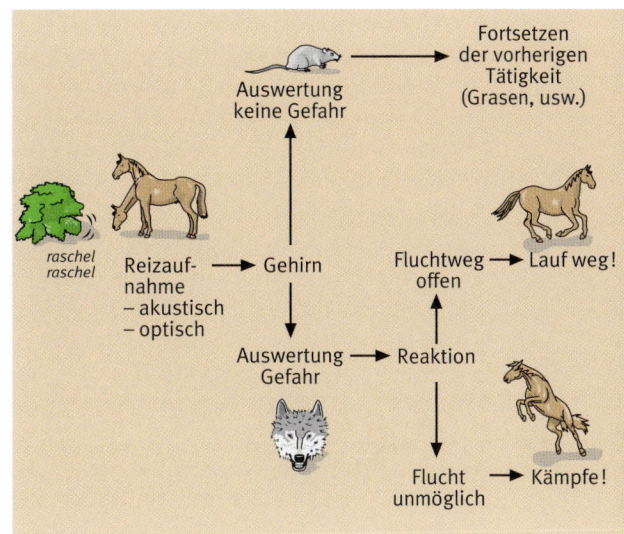

»Schnell weg…« Die Fähigkeit zur schnellen Flucht sicherte den Vorfahren unserer Pferde das Überleben.

Das Wissen um das im Erbgut des Pferdes verankerte Flucht- und Wehrverhalten bildet die Grundlage für einen gefahrlosen, harmonischen Umgang mit ihm. Wünschen Sie sich ein zufriedenes, gelassenes Pferd, müssen Sie so mit ihm arbeiten, dass weder seine Flucht- noch seine Kampfmechanismen aktiviert werden, beziehungsweise Sie müssen wissen, wie Sie den »Flucht- oder Kampf-Knopf« wieder ausschalten.

Ein großer Pflanzenfresser wie das Pferd kann sich in der Steppe nur schwer verstecken, seine falbene Tarnfärbung bietet nur unzureichenden Schutz vor Feinden. Als Individuum und Art kann das Pferd daher nur durch seine Fähigkeit zur Flucht überleben.

Ist der Fluchtweg ausgeschlossen, wehrt es sich mit Bissen und Huftritten, wobei seine Überlebenschancen bei dieser Art der Verteidigung eher gering sind. Von sich aus greift ein Pferd nur an, wenn es die Position eines ranghöheren Artgenossen beanspruchen will oder als Hengst einen anderen Leithengst herausfordert, um dessen Stutenharem zu übernehmen. Wie stark sein Aggressionspotential – also der Drang, eine ranghohe Rolle im Herdengefüge einzunehmen – ausgeprägt ist, hängt von seinem Erbgut wie seiner Lernfähigkeit ab. Das Fohlen einer ranghohen Stute wird mit einem höheren Dominanzbewusstsein geboren und lernt auch von seiner Mutter, wie man seine Position verteidigt.

Leben in der Herde

Stellen Sie sich vor, Sie lebten ohne effiziente Waffen allein in der Wildnis und müssten Tag und Nacht auf der Hut vor Raubtieren sein. Unvorstellbar… niemand kann ständig auf sich aufpassen und zugleich Nahrung beschaffen oder schlafen. Sie brauchten also Gefährten! Dann könnten Sie sich die Aufgaben teilen und abwechselnd einen Wachposten aufstellen. Genauso machen es die meisten Pflanzenfresser und damit auch Pferde: Sie schließen sich zu Gruppen bzw. Herden zu-

So arbeitet der Flucht- und Kampfmechanismus:

- Die Sinnesorgane nehmen einen Reiz wahr.
- Nerven leiten die Wahrnehmungen ans Gehirn weiter.
- Das Gehirn deutet sie und entscheidet zwischen gefährlich und harmlos.
- Wird der Reiz vom Gehirn als ungefährlich bewertet, fährt das Pferd mit dem fort, was es gerade getan hat.
- Deutet es ihn jedoch als gefährlich, be-

fiehlt das Gehirn den Nebennieren, das Hormon Adrenalin auszuschütten, um den Organismus blitzschnell in Flucht- oder Kampfbereitschaft zu versetzen.
- Besteht die Möglichkeit zu fliehen, erhalten die Gliedmaßen die entsprechenden Bewegungsimpulse.
- Ist die Möglichkeit zur Flucht verwehrt, befiehlt das Gehirn die Gegenwehr.

»Einfach ausspannen…« – denn die Herde gibt Geborgenheit und spendet Sicherheit.

sammen. Das Wissen um im Umfeld lauernde Gefahren ist in jedem Fluchttier so fest verankert, dass es sich nur in Gesellschaft von Artgenossen sicher fühlt.

Pferdesprache

Um miteinander schnell kommunizieren zu können, haben Pferde eine nuancenreiche Körpersprache entwickelt. Quer verlaufende, weiche Körperlinien und ruhige Bewegungen weisen auf eine gefahrenfreie Situation hin – aufrechte, harte Linien und steile, akzentuierte Bewegungen auf Anspannung und Alarmbereitschaft. Auch Laute spielen eine gewisse, jedoch eher untergeordnete Rolle: das Begrü-

ßungsgrummeln, das Wiehern des Erkennens, das Quietschen als Ausdruck von Nervosität oder das röhrende Stöhnen bei Kämpfen.

Herdenhierarchie

Das Zusammenleben einer Pferdefamilie ist strengen Regeln unterworfen. Die Rolle des souveränen Anführers, der die Richtung bestimmt, hat ein erfahrenes weibliches Tier – die Leitstute – inne. Das instinktive Wissen, dass ihre Entscheidungen dem Überleben aller dienen, sichert ihr das absolute Vertrauen und den bedingungslosen Gehorsam der restlichen Herdenmitglieder. Der Leithengst hält sich am Rande der Gruppe auf, treibt sie von hinten

Kein Kampf, sondern liebenswürdig-spielerisches Rangeln – Ausdruck der Freundschaft.

und sichert sie vor Gefahren aus dieser Richtung ab. Er achtet darauf, dass sich kein Pferd zu weit entfernt, verteidigt seine Familie gegen fremde Hengste und sorgt für Nachwuchs. Auch alle übrigen Gruppenmitglieder haben ihren Platz in der recht stabilen Rangordnung, bei der Erfahrung, Geschick, Durchsetzungsvermögen und Stärke über die jeweilige Position – also auch darüber, wer aggressiv sein darf und wer Aggressionen erdulden muss – entscheiden.

Das Pferd-Pferd-Verhältnis

Sympathien und Antipathien existieren auch in der Welt der Pferde. Wild lebende Gruppen bestehen meist aus miteinander verwandten Tieren – Mutter, Schwestern und ihren Nachkommen –, die einander aufgrund der Familienbande freundlich gesonnen sind. Fremde Pferde werden zunächst abgewiesen und erst allmählich in den bestehenden Verband aufgenommen.

Für die Annäherung innerhalb der Herde gibt es präzise Regeln. Jedes Pferd beansprucht einen ellipsenförmige Bereich – vorn und hinten größer als seitlich – von etwa ein bis zwei Metern um seinen Körper als Individualzone. Nur ein Freund oder Paarungspartner darf diese Zone unaufgefordert betreten. Nähert sich ein rangniedrigerer Artgenosse, wird er mit Abwehrmimik auf Distanz gehalten oder mit freundlichem Blick eingeladen. Vor einem ranghöheren Tier weicht das Pferd von sich aus zurück, falls es nicht zum Herankommen aufgefordert wird.

Um die Individualzone zieht sich ein weiterer größerer Kreis, die Fluchtdistanz. An ihren äußersten Rand zieht sich das Pferd zurück, wenn etwas vermeintlich Bedrohliches näher kommt. Die Fluchtdistanz ist also der Mindestabstand zwischen Pferd und Gefahr, wird er unterschritten, flieht das Pferd oder stellt sich zum Kampf.

Vom Wildpferd zum Hauspferd

Stellen wir die Jahrmillionen, in denen das Pferd sich zur Gattung *Equus* entwickelte, den wenigen tausend Jahren gegenüber, in denen Pferde als domestizierte Haustiere mit uns Menschen leben, wird klar, dass sich in so relativ kurzer Zeit ihre grundlegenden Instinkte, die Flucht- und Kampfmechanismen und ihr Bedürfnis nach dem Schutz der Herde, nicht wesentlich geändert haben können. Andere Fütterungsbedingungen und züchterische Arbeit haben Einfluss auf Größe, Fellfärbung und Körperproportionen genommen und zahlreiche Rassen entstehen lassen, das Verhalten an sich ist aber nicht beeinflusst worden. Was sich allerdings drastisch verändert hat, ist das Lebensumfeld des Pferdes – und für dessen Qualität sind wir Menschen heute verantwortlich. Wünschen wir uns ein gesundes, zufriedenes

Pferd, das Leistung erbringt und auch gern mit uns zusammenarbeitet, müssen wir also Lebensbedingungen schaffen, die ihm das Gefühl der Geborgenheit geben. Zum einen findet es diese Geborgenheit in einer artgemäßen Haltungsform. Wenn wir uns allein mit ihm beschäftigen, müssen wir ihm außerdem die Herde – besser gesagt, das Leitpferd – ersetzen. Denn allein dem Leitpferd vertraut und gehorcht es. In seiner Obhut findet es zu der inneren Ruhe oder Gelassenheit, die Flucht oder Kampf überflüssig machen und erst ein entspanntes, nachhaltiges Lernen ermöglichen.

Stressfaktoren und Nervenstärke

Das Leben in der Natur verläuft nicht gleichförmig, vielmehr wechseln Phasen der Ruhe mit Phasen der Erregung ab. Auch akuter Stress gehört zum Leben. In einer außergewöhnlichen Situation – zum Beispiel bei einem Angriff – versetzt er den Organismus durch die Ausschüttung von Hormonen in Flucht- oder Kampfbereitschaft. Sind Flucht oder Abwehr geglückt, stellt sich das innere Gleichgewicht nach einiger Zeit von selbst wieder her. Auch das domestizierte Pferd erlebt von Zeit zu Zeit akute Stressauslöser: Beim Ausritt erschrickt es vor einem Traktor und scheut. Doch da es seinem Reiter vertraut, lässt es sich schnell wieder beruhigen, vor allem, wenn es den erhöhten Adrenalinspiegel durch eine lange Trabreprise abbauen und seinen Körper damit wieder ins hormonelle Gleichgewicht bringen kann. Die physische Gesundheit kann durch eine solche

Erschrecken vor etwas Neuem oder eine Auseinandersetzung mit dem Reiter? Auf jeden Fall eine akute Stresssituation.

Begebenheit gefährdet werden (Unfall), die Reizschwelle bleibt dadurch unberührt.

Chronischer Stress
Chronisch wird Stress, wenn sich immer mehr Stressauslöser anhäufen und zu einer Dauerbelastung führen, vor allem, wenn das Pferd weder vor ihnen fliehen noch gegen sie kämpfen kann. Eine solche Belastung senkt die Reizschwelle. Die Nerven liegen dann irgendwann »blank«. Im menschlichen Leben zählen Beziehungskrisen und finanzielle Probleme zu den häufigsten chronischen Stressfaktoren – im Leben eines Wildpferdes sind es meist jahreszeitlich bedingter Futter- und Wassermangel. Je länger eine solche Belastungsphase anhält, desto reizbarer wird das Pferd.

Auf einen Blick

Akute Stressauslöser können sein:
- körperliche Empfindungen (Hunger, Durst, Harndrang, Müdigkeit, Schmerzen, Juckreiz, Hitze, Kälte);
- ungewöhnliche optische Reize (extreme Lichtverhältnisse, Tiere, Maschinen, Menschenansammlungen);
- ungewöhnliche Geräusche;
- ungewöhnliche Gerüche (Tierwitterungen, Chemikalien);
- ungewöhnliche Geschmacksempfindungen (verdorbenes Futter, Medikamente, Chemikalien);
- ungewöhnliche Berührungsreize (Wasser, Heilbehandlungen, nicht passende oder schadhafte Ausrüstung).

Chronische Stressauslöser sind:
- eine nicht artgemäße Haltungsform (siehe Seite 18);
- fehlender »Komfort« (Licht- und Frischluftmangel, unzureichende oder ungeeignete Liegeflächen, unzureichender Schutz vor extremer Witterung);
- Fütterungsmängel (siehe Seite 20);
- Mängel in der Gesundheitspflege (siehe Seite 21);
- Umgangs- und Trainingsfehler (unfaires, ungerechtes oder einfach nur inkonsequentes Verhalten gegenüber dem Pferd, ständige Unter- oder Überforderung, Verwehren von aktiven und passiven Trainingspausen).

Stress beim Sport- und Freizeitpferd

Im Leben unserer Hauspferde führen meist Haltungs- und Trainingsfehler sowie mangelhafte Gesundheitsvorsorge zu chronischer Anspannung. Anders als in Freiheit ist der Bewegungsdrang des Pferdes meist eingeschränkt, die Geborgenheit gebende Herde fehlt. Es kann nicht grasen, wann und wie lange es möchte. Es soll Leistung erbringen, wenn es müde ist, oder langweilt sich, wenn es spielen möchte. Möglich ist auch, dass der Mensch nur unzureichend das Leittier ersetzt. Das Pferd fühlt sich durch dessen inkonsequentes Verhalten verunsichert und kann deshalb kein Vertrauensverhältnis aufbauen und glaubt dann, in Gefahrensituationen allein auf sich gestellt zu sein. Vielleicht hat es sogar Angst vor seinem Ausbilder oder leidet auf Grund einer unerkannten Krankheit unter Schmerzen. Seine Reizschwelle sinkt.

Gelassenheit als Folge natürlichen Lebens

Wenn wir uns ein ge-*lassenes* Pferd wünschen, sollten wir es weitestgehend seiner Natur gemäß *als Pferd leben lassen* und seine natürlichen Verhaltensmuster im Umgang und bei der Arbeit mit ihm berücksichtigen. Dann brauchen wir die unvermeidlichen akuten Stressauslöser wenig zu fürchten, denn damit kann ein ge-*lassenes* Pferd ohne weiteres umgehen.

Chronische Stressauslöser aufzuspüren ist meist einfach. Sie aus dem Leben des Pferdes zu entfernen ist allerdings oft mit einem Mehr an Zeit-, Geld-, Arbeits- und Organisationsaufwand verbunden.

Kurz gesagt: Vieles, was dem Pferd nützt, »schadet« dem Pferdebesitzer. Der Lohn für Horsemanship und damit den »unbequemeren« Weg ist ein gesünderes, zufriedeneres und auch gelasseneres Pferd.

Grundbausteine der Gelassenheit

Wohlbefinden

»Ich fühle mich rundum wohl!« Schön, wenn wir das von uns sagen können. Wir drücken damit eine Empfindung aus, die Körper *und* Psyche umfasst. Wohlbefinden stellt sich ein, wenn der Körper in allen Bereichen reibungslos funktioniert und nichts uns seelisch bedrückt. Wellness ist das moderne Wort für das altertümlich anmutende »Heilsein«. Der Begriff geht auf das sehr alte gotische Wort »hail« zurück, das – über die Gesundheit hinausgehend – die gesamte Lebenskraft einbezieht. Wellness oder – einfacher ausgedrückt – Wohlbefinden ist sozusagen die Reaktion von Körper und Geist auf rundum befriedigende Lebensbedingungen.

Umgekehrt beeinflusst Wohlbefinden aktiv unser Handeln: Wer sich wohl fühlt, kann aus dieser Zufriedenheit heraus eine Situation angemessen bewerten und klügere Entscheidungen treffen. Er wird nicht so schnell »überreagieren«, in Panik geraten und sich durch unüberlegte Handlungen in eine riskante Lage hineinmanövrieren.

Das Gleiche trifft auch auf unsere Pferde zu. Ein körperlich vollkommen gesundes und psychisch zufriedenes Pferd ist ein »ausgeglichenes« Pferd. Es bestehen weder Defizite (wie ein Mangel an Bewegungsfreiheit oder sozialen Kontakten) noch »Überangebote«, besser ausgedrückt Überforderung (zum Beispiel durch zu hohe Leistungsansprüche, die seine individuelle Begabung, seine Kondition und seinen Ausbildungsstand übersteigen) in seinem Leben. Zwar erlebt es dieses angenehme Gefühl eher unbewusst, dennoch verbessert dieser Zustand seine Fähigkeit, zwischen gefährlichen und harmlosen Situation zu unterscheiden, also mehr oder minder »gelassen« zu sein.

Auch wenn immer das Erbgut den Grad der Neigung zu körperlicher und psychischer Gesundheit mitbestimmt, hängt das Gesamtwohlbefinden unseres domestizierten Pferdes eindeutig von der menschlichen Bereitschaft ab, ihm artgerechte Lebensbedingungen zu schaffen und es zugleich durch gezielte Vorsorgemaßnahmen vor Schäden und Schmerzen zu bewahren. Widmen wir uns der Fürsorge ums Pferd liebevoll-fröhlich und nicht verbissen, verbessert sich auch unser eigenes Wohlbefinden.

Pferdehaltung

Als Fluchttier der Steppe, ausgestattet mit dem Verdauungsapparat des Rohfaserfressers, stellt das Pferd ganz spezifische Ansprüche an Lebensraum und Lebensweise. Es bewegt sich viele Stunden am Tag grasend vorwärts, knabbert gern an Ästen, ruht auf luftigen Plätzen und liebt es sich zu wälzen. Im Gehölzschatten sucht es Schutz vor Hitze, Kälte und Sturm trotzt die Herde, indem sie – mit den Kruppen zum Wind – zusammenrückt. Die Nässetoleranz hängt vom Pferdetyp ab. Robusten Nordlandpferden mit Nässe abweisender Fellstruktur machen Niederschläge weniger aus als Südlandpferden mit feiner Mähne und seidigem Fell.

> Für korrekte Pferdehaltung gibt es niemals Pauschalrezepte. Sie muss sich an den jeweiligen Ansprüchen des Einzeltieres orientieren.

Leben in naturnahem Umfeld: Regelmäßiger Weidegang mit Artgenossen schafft gute Voraussetzungen für ein gelassenes Gemüt.

Mit der Domestizierung des Pferdes haben wir Menschen die Verpflichtung übernommen, seinen Lebensraum zu gestalten. Je eher dieser dem Bedürfnis nach ruhigem Umherwandern, stundenlanger Raufutteraufnahme, nach Fernsicht und Sozialkontakt entgegenkommt, desto wohler fühlt sich das Pferd. Die traditionelle Form der Einzelhaltung (lange Zeit sogar im Ständer) war niemals artgerecht, aber früher, als das Pferd den ganzen Tag arbeitete und abends müde in den Stall zurückkehrte, noch

vertretbar. Bei einer Stunde Bewegung pro Tag ist sie dem Lauftier Pferd nicht zumutbar. Kleinpaddocks verhelfen ihm zu etwas mehr Umweltkontakt und vergrößern seinen Bewegungsraum ein wenig, Großausläufe und regelmäßiger Weidegang sind aber auf jeden Fall vorzuziehen.

Moderne artgemäße Pferdehaltung muss immer auf Rasse, Geschlecht, Alter, Persönlichkeit und Verwendung des einzelnen Pferdes abgestimmt werden. Für ein Freizeitpferd kann dies Offenstall, Gemeinschaftspaddock und ganztägig Weidegang bedeuten, für das Sportpferd Außenbox mit Einzel- oder Zweierpaddock bzw. Stundenweide mit einem verträglichen Artgenossen. Für ein altes Pferd

Trockene sandige Wälzflächen wirken als wohlige Ganzkörpermassage!

- zu enge, schlecht belüftete Boxen,
- unhygienische, nass-kalte Liegeflächen,
- kaum Wälzmöglichkeiten,
- wenig Bewegungsanreize in Paddocks,
- ungepflegte, nicht hütesicher eingezäunte Weiden.

Aufstallung nachts und bei schlechtem Wetter und ansonsten Auslauf mit freundlichen Pferden, die es nicht jagen. Bei einem hochblütigen Tier, das in einer Robustherde keine Chance hat, sich im Offenstall unterzustellen, empfiehlt sich sogar der Umzug in einen Pferdebestand, der besser seinen typbedingten Ansprüchen entspricht.

Fütterung

Gesundheit und Wohlbefinden hängen stark von der richtigen Fütterung ab, durch die der Pferdekörper mit Wasser, Energie-, Nähr- und Ballaststoffen versorgt wird. Der Verdauungstrakt des Pferdes ist auf rohfaserreiche Nahrung mit wenig Nährstoffen und vielen Vitaminen und Mineralien eingestellt. In der Wildnis nimmt es sie während vieler Stunden am Tag in kleinen Mengen auf. Außer beim Spiel oder auf der Flucht bewegt es sich in ruhigem Tempo. Gräser, Kräuter, Blätter, Rinde oder Früchte genügen, um den Erhaltungsbedarf, der die Lebensfunktionen aufrecht erhält, zu decken. Anders das Sport- und Freizeitpferd:

Raufutter – in bester Qualität und jederzeit zugänglich – sichert die Grundversorgung des Pferdes mit allen wichtigen Nährstoffen.

Je nach Haltungsform bewegt es sich stundenlang nur wenig, wird dann aber kurzzeitig stärker bis stark beansprucht. Oft reichen Weidegras oder Heu nicht aus, diesen Leistungsbedarf zu decken. Es braucht eine größere Energie- und Nährstoffzufuhr.

Genaue Bedarfszahlen zu ermitteln, ist nicht einfach. Art und Menge der Grundfuttermittel (Kraft- und Raufutter) müssen Alter, Gesundheit, Haltungsform und Verwendung berücksichtigen. Je höher die Qualität des Grundfutters, desto eher deckt es auch den Bedarf an Mineralien und Vitaminen. Darüber hinaus muss sich Ihr Pferd ungestört möglichst lange mit der Nahrungsaufnahme beschäftigen können.

So ist's richtig:

- Lassen Sie sich von Tierarzt oder Fütterungsexperten beraten.
- Überprüfen Sie ständig die Futterqualität.
- Ziehen Sie bei Veränderungen des Ernährungszustandes und der Gelassenheit den Tierarzt hinzu und lassen Sie möglichst eine Blutuntersuchung vornehmen. Können Erkrankung und Mangelerscheinungen ausgeschlossen werden, probieren Sie aus, ob Magnesium hilft. Dieses Mengenelement soll die Funktion der Nervenzellen positiv beeinflussen und somit die Reizschwelle wieder anheben.

Fütterungsfehler haben schwerwiegende Folgen. Beim Jungpferd besteht bei mastiger Aufzucht die Gefahr, dass das Tier zu schnell wächst und sich Muskelmasse bildet, die Bänder und Sehnen noch nicht verkraften. Erwachsene Pferde werden häufig mit Eiweiß überversorgt und erhalten minderwertiges Futter. Dies führt zu Erkrankungen des Bewegungs-, Atem- und Verdauungsapparates und zu Reizbarkeit. Bei alten Pferden fördert falsch zusammengesetztes Futter Hufrehe und Verdauungsprobleme, Mangel- und Verschleißerkrankungen. Nicht alle Fütterungsfehler machen sich sofort durch Krankheitssymptome bemerkbar, viele unterminieren die Gesundheit schleichend. Das Unwohlsein nimmt langsam zu, die Gelassenheit ab.

Vorsorgemaßnahmen

Wir alle nehmen unseren Körper, solange er funktioniert, kaum wahr. Doch das kleinste Unbehagen beeinträchtigt unser Leistungsvermögen, stört unseren Seelenfrieden! Beim Pferd ist es nicht anders.

In der Wildnis pflegen Licht, Sonne, Wind und Regen das Fell des Pferdes. Wälzbäder massieren die Haut, die Staubschicht schützt gegen Insekten, Planschen im Bach versorgt seine Hufe mit Feuchtigkeit. Ist das Pferd krank, sucht es instinktiv nach heilenden Pflanzen oder fastet. Es ruht, bis die Krankheit überwunden ist, oder stirbt – die Natur ist fürsorglich und erbarmungslos zugleich.

In unserer Obhut kann das Pferd nicht aktiv an seiner Gesunderhaltung oder Genesung mitwirken – diese Aufgabe fällt uns zu. Eine frühzeitig eingeleitete medizinische Behandlung hat oft Aussicht auf Erfolg. Dabei ist es wichtig, die vom Tierarzt empfohlenen Maßnahmen konsequent zu befolgen und das Pferd in Ruhe genesen zu lassen, auch wenn es – auf Grund der schnellen Wirksamkeit moderner Medikamente – meist schon bald wieder fit erscheint.

Gewöhnung

»Wir sind ein tolles Team!« Glückwunsch… denn Harmonie zwischen Mensch und Pferd ist nicht selbstverständlich. Jahrtausende lang war das Pferd begehrte Beute und Nahrungsquelle – auch für das Raubtier Mensch. Erst als der Mensch dazu überging, die gefangenen Pferde nicht mehr gleich zu töten, sondern in Pferchen zu halten und sich Mensch und Pferd einander täglich begegneten, begann das Wunder, das das Zusammenleben von Wesen unterschiedlicher Art erst möglich macht: Gewöhnung.

Um Gelassenheit – und ihre Grenzen – wirklich zu begreifen, müssen wir verstehen, was bei Gewöhnung tatsächlich passiert. Stellen

Checkliste für die Gesundheitsvorsorge

- Den Pferdekörper kontrollieren Sie 1 x täglich von Kopf bis Huf und achten vor allem auf Verletzungen, Schwellungen, Erwärmungen, Haarausfall und Ausfluss aus den Körperöffnungen.
- Je nach Gliedmaßenstellung, Hornqualität und Nutzungsintensität lassen Sie die Hufe alle zirka 6 Wochen von einem erfahrenen Hufschmied berunden und/oder beschlagen.
- Nach der Arbeit bringen Sie es erst zurück in Stall oder Paddock, wenn sein Körper normal temperiert und sein Fell trocken ist.
- Bei starkem Niederschlag oder an heißen Tagen sorgen Sie dafür, dass Ihr Pferd – auch in der Herde – Zugang zu einem Unterstand hat.
- Lassen Sie Ihr Pferd regelmäßig gegen Wundstarrkrampf, Tollwut und Pferdegrippe, wenn erforderlich auch gegen Rhinopneumonitis impfen.
- Mindestens 4 x im Jahr verabreichen Sie Ihrem Pferd ein Entwurmungsmittel.
- 2 x jährlich lassen Sie Maulhöhle und Zähne untersuchen.
- Kontrollieren Sie regelmäßig Stall, Paddock und Weide auf mögliche Verletzungs- oder Krankheitsauslöser. Pferdeäpfel müssen regelmäßig abgesammelt werden.

wir uns vor, das Pferd sieht zum ersten Mal das Raubtier Mensch. Oder eine Plastikplane. Oder einen Regenschirm. Bewegen sich Mensch, Plane oder Schirm in sicherer Entfernung außerhalb der Fluchtdistanz, schenkt das Pferd ihnen nur erhöhte Aufmerksamkeit. Kommen sie näher, flieht das Pferd. Auf Grund des ihm angeborenen Instinkts kann es nicht anders. Passiert nun nichts Lebensbedrohendes (der Mensch pflanzt nur einen Baum, die Plane wedelt im Wind, der Schirm schnappt auf und zu) und das Gleiche geschieht immer wieder, wird dieser Reiz bedeutungslos. Bei dem einen Pferd früher, bei dem anderen später – vorausgesetzt, nichts Sonstiges im Umfeld ändert sich.

In einer anderen Umgebung unter anderen Voraussetzungen (zum Beispiel veränderten Lichtverhältnissen) wird beim gleichen Reiz wieder sein Fluchtmechanismus aktiviert. Das ist normal! Gewöhnung legt diese Grund-

funktionen *niemals* lahm! Was schließen wir daraus? Das Pferd kann sich an den Menschen gewöhnen. Je häufiger es mit ihm zusammen ist, je verständlicher dieser sich ihm gegenüber verhält, desto weniger wird es ihn als Bedrohung empfinden. Daher ist es beispielsweise wichtig, Jungpferde nicht isoliert aufzuziehen, sondern regelmäßig mit ihnen Körperkontakt zu pflegen. Oder dem Pferd gegenüber kein Raubtiergehabe (hektische Bewegungen, lautes Brüllen, Gewalt) zu zeigen.

Je vertrauter es mit uns ist, desto einfacher wird es sein, es an Gegebenheiten zu gewöhnen, die anfangs seinen Fluchtreflex auslösen. In der Reitanlage können wir unser Pferd an die unterschiedlichsten Scheuauslöser heranführen, es wird sich irgendwann daran gewöhnen und cool darauf reagieren. Aber die selbe Plane, in die wir das Pferd heute im Roundpen eingewickelt haben, kann morgen ein Scheuen auslösen, wenn sie hinter einem

Busch hervorweht! Es dann aber zu strafen oder seine Gelassenheit in Frage zu stellen, ist falsch. Denn auch das gelassenste Pferd soll ein Pferd mit gesunden Reflexen bleiben.

Das Einmaleins der Sicherheit

Gleichgültig, wo, wie und wann Sie mit Ihrem Pferd umgehen oder es reiten: Alles, was dabei Ihr Pferd oder Sie in irgendeiner Weise stört, behindert oder gefährdet, wirkt sich negativ auf die Gelassenheit aus. Erst wenn Sie sicher sein können, alle Vorsichtsmaßnahmen für

sich, Ihr Pferd und Ihre Mitmenschen getroffen zu haben, sind Sie wirklich entspannt. Sie strahlen Selbstsicherheit aus. Ihr Pferd bemerkt dies, egal ob Sie es nun führen oder reiten. Als Körpersprachler reagiert es auf feinste Veränderungen in Ihrem Verhalten. Der Grad Ihrer Souveränität bestimmt den Grad seiner Gelassenheit.

Seine Zufriedenheit hängt aber auch von seinem eigenen Befinden ab. Jede noch so kleine Beeinträchtigung seines körperlichen Wohlgefühls setzt seine Konzentrationsfähigkeit und damit auch seine Bereitschaft, mit Ihnen zusammen zu arbeiten, herab.

Daher ist eine wichtige Grundvoraussetzung für Ihr Training die stabil verarbeitete und gut passende Ausrüstung. Nichts darf Sie oder Ihr Pferd beengen oder in den normalen Bewegungsabläufen behindern. Kein Ausrüstungsteil und Kleidungsstück darf drücken oder reiben und somit womöglich Schmerzen verursachen.

Innerhalb Ihrer Reitanlage können Sie außerdem für ein weitgehend sicheres Umfeld sorgen und auf diese Weise Verletzungen vorbeugen. Außerhalb des Stalles sind Sie auf Ihre Vorausschau, Reaktionsfähigkeit und Umsicht angewiesen, da hier immer unerwartete Geschehnisse auftreten, auf die Sie sich kaum vorbereiten können.

Da Sie als Pferdehalter die volle Verantwortung für sich und Ihr Pferd tragen, müssen Sie korrekt einschätzen können, was Sie sich am jeweiligen Tag zumuten wollen und dürfen und auch bereit sein, Ihre und Ihres Pferdes Grenzen anzuerkennen.

Bei der Gewöhnung an Schreckauslöser spielt das vertraute Umfeld eine erhebliche Rolle.

Sichere Kleidung

(1 = Bodenarbeit; 2 = Reiten)

Kopfbedeckung:
- Reithelm (1, 2) nach Euro-Norm EN 1384 und mit TÜV-Prüfsiegel gegen Schläge und Stöße im Bereich von Kopf und Genick,
- Hut (1) oder Hut mit einlegbarer Hartschale (2) mit Kinnkordel als Wetter- und Blendschutz,
- Schirmkappe (1) als Sonnen- und Blendschutz.

Ober- und Überbekleidung:
- langärmeliges Oberhemd/Bluse aus festem Gewebe (1, 2) als Wetterschutz, gegen Abschürfungen, Insektenstiche, Sonnenbrand
- Reit- oder reitgeeignete Hose ohne drückende Nähte aus atmungsaktivem, abriebfestem Gewebe (1, 2) mit (Kunst-)Lederbesatz (2) als Wetterschutz bzw. für geschmeidigen, sicheren Sitz,
- Outdoor-Weste, Jacke oder Mantel (1, 2) aus atmungsaktivem, winddichtem und Nässe abweisendem Gewebe als Wind- und Wetterschutz und gegen Abschürfungen und Bisse.

Schuhe/Stiefel:
- Robuste, aber nicht klobige Reitschuhe (1, 2), Wanderreit- oder Trekkingschuhe (1, 2), Knöchel umschließend mit rutschfester Sohle für ermüdungsfreies Laufen und Reiten mit festem Leder gegen Tritte und Stöße; Jodhpur-Stiefeletten (2) oder Schaftstiefel (2).

Handschuhe:
- Reithandschuhe je nach Jahreszeit aus Baumwolle, Hightech-Material, Leder oder Leder-Textil-Mix mit griffiger Innenhand für guten Griff und gegen Verletzungen aller Art sowie Schweißbildung (1, 2).

Schutzweste:
- Body Protector in Sicherheitsstandard BETA-II (1, 2) und III (2) gegen Tritte, Stöße und Schläge im Bereich von Oberkörper und Wirbelsäule und (bei zusätzlichen Schulterschützern) Schulterpartie.

Zusatzausrüstung:
- Reflektierende Kleidung (1, 2) oder Armbänder für das Führen und Reiten in der Dunkelheit,
- Blinkleuchten an Armbändern oder als Bügelleuchte (1, 2),

Bei jeder Form des Umgangs mit dem Pferd muss die Kleidung Sie bestmöglich schützen.

Ausrüstung des Pferdes

(1= Bodenarbeit; 2 = Reiten)

- gut sitzendes Halfter für präzise Einwirkung (1) (2 = unter der Reitzäumung für das Führen und Anbinden unterwegs),
- Führstrick mit Karabiner (1), (2 = wie oben),
- Longe (Gurtenmaterial, Nylon) oder Führseil (Baumwolle, Nylon) (1),
- Trensenzäumung (1 mit langem Führzügel oder Longe) (2 mit Reitzügel in Reitbahn, Gelände),
- Kandarenzäumung (2 Reitbahn, Dressur ab Niveau L und mehr) – *niemals beim Führen oder Longieren!*,
- Longiergurt (1 = Übungen mit Longe und Doppellonge),
- Sattel (1 = Übungen mit Longe und Doppellonge, Reiten),
- Hilfszügel: Ausbinder, Halsverlängerer (1 = Longenarbeit, 2 Bahn), Laufferzügel (1 = Longenarbeit), Martingal (2 Gelände),
- Beinschutz: Arbeitsbandagen (1, 2 Bahn),

Eine funktionale und gut passende Ausrüstung: eine wichtige Komponente auf dem Weg zu mehr Gelassenheit.

Gamaschen/Sehnenschützer (1, 2 Außenbereiche),
- Reflexprodukte: Stirnband, Sattel- oder Gurtunterlage, Schweifband etc. (1, 2 in der Dunkelheit).

Sicherheitsfaktoren für das Training in der Reitanlage

- Verletzungssichere Bauweise in pferdegemäßen Abmessungen,
- stabile Anbindevorrichtungen,
- trittfester, gleitsicherer und giftfreier Boden ohne Stolperfallen,
- bruchfeste, splittersichere Hindernisse,
- ausbruch- und verletzungssichere Einfriedungen (nicht nur von Paddocks, sondern auch von Reitbahn oder Longierzirkel),
- leicht zu öffnende Tore,
- ausreichende Beleuchtung (für das Training abends).

Mensch und Pferd

Möchten Sie Ihr Pferd gelassener machen, müssen Sie zum ranghöchsten Wesen, zum Boss in seinem Leben werden. Es muss Ihnen jederzeit Respekt, Vertrauen und Gehorsam entgegenbringen. Eine solch enge, vertrauensvolle Bindung kann nur entstehen, wenn Sie das furchtsame Wesen des Pferdes, seine angeborenen Überlebensinstinkte und Bedürfnisse begreifen und berücksichtigen. Dazu gehört erstens, dass Sie mit ihm auf pferdegemäße Weise durch eine eindeutige Körpersprache, unmissverständliche Berührungen und klare Stimmkommandos kommunizieren.

Körpersprache

- Ruhige, »fließende« Bewegungen, gleichmäßiger Atem und nicht über Taillenhöhe erhobene Arme signalisieren: Alles ist in Ordnung, du verhältst dich richtig, keine Gefahr.
- Kurze, abrupte Bewegungen, scharfes Einatmen, über Taillenhöhe oder noch höher erhobene Arme und Hände drücken aus: Verhalte dich anders, Gefahr im Anzug!
- Stehen Sie seitlich in Höhe der Sattellage, befinden Sie sich in ranggleicher oder neutraler Position, aus der Sie weder treiben noch verwahren können.
- Seitlich in Höhe seiner Schulter gehend oder stehend signalisieren Sie Vertrauen (Mutterstutenposition).
- Schräg oder direkt vor dem Pferd begrenzen Sie seine Bewegung nach vorn, wenn Sie sich mit dem Körper zum Pferd wenden. In der gleichen Position, jedoch mit dem Rücken zum Pferd gehend, fordern Sie es auf, Ihnen zu folgen (Leitstutenposition).
- Schräg oder direkt hinter dem Pferd begrenzen Sie seine Bewegung nach hinten und treiben es vorwärts (Leithengstposition).

Berührungssignale

Feste, gleichmäßig streichende oder drückende Berührungen empfindet das Pferd als wohltuend (Massage, Abstreichen mit der Peitsche oder mit Textilien). Kurze, impulsartige Berührungen (Gertenklapse) wecken seine Aufmerksamkeit. Kurzzeitigem, impulsartigem Druck weicht es aus, anhaltenden Druck beantwortet es meist mit Gegendruck.

Stimmsignale

In Verbindung mit körpersprachlichen Signalen lernt Ihr Pferd schnell, Ihre Stimmkommandos zu deuten.

Aus den Grundbausteinen Respekt und Vertrauen entsteht Gehorsam – Voraussetzung, um auch ungewohnte Aufgaben zu bewältigen.

> Durch pferdegemäßes Verhalten erwerben Sie den Respekt Ihres Pferdes. Es schenkt Ihnen stets seine Aufmerksamkeit. Durch Konsequenz und Fairness erwerben Sie sein Vertrauen. Das nimmt ihm die Angst vor neuen Aufgaben. Respekt und Vertrauen führen zwanglos zu jenem natürlichen Gehorsam, den jedes Pferd seinem Leitpferd entgegenbringt.

- Wählen Sie einfache Wortkommandos mit klangvollen Vokalen (Komm, Steh, Halt).
- Vermeiden Sie ähnlich klingende Worte für unterschiedliche Signale (Falsch: Nein/Fein – besser: Nein/Brav).
- Senken Sie die Stimmlage, wenn Sie Ihr Pferd beruhigen oder verlangsamen möchten, heben Sie die Stimme, um es anzuspornen.
- Verschärfen Sie den Ton nur für einen Tadel.

Rangfolge

Sie müssen ihm durch Ihr Verhalten stets klar machen, dass Sie im Rang über ihm stehen. Dazu

- fordern Sie von Ihrem Pferd grundsätzlich respektvollen Abstand. Sie lassen sich weder anstupsen noch anbetteln.
- lassen Sie sich niemals von ihm überholen.
- lassen Sie es täglich ein paar Minuten lang stillstehen (siehe Seite 33).

Leitstutenposition

Als Beweis, dass Sie die Führungsrolle zu Recht beanspruchen, muss es die Erfahrung machen, dass Ihre Entscheidungen seinem Wohl dienen. Dazu

- wenden Sie Ihrem Pferd stets Ihre volle Konzentration zu (keine ablenkenden Gespräche mit Reiterfreunden!).

- bestehen Sie darauf, dass Ihr Pferd einer Aufforderung immer nachkommt. Allerdings stellen Sie ihm nur Aufgaben, die es auch wirklich begreift und psychisch und physisch befolgen kann.
- reagieren Sie niemals jähzornig, strafen Sie Ihr Pferd niemals grundlos oder lassen Ihre schlechte Laune an ihm aus.
- handeln Sie konsequent. Ein Nein bleibt ein Nein und wird niemals in ein »Heute ausnahmsweise« aufgeweicht.
- bewahren Sie in unerwarteten Situationen Ruhe. Verinnerlichen Sie sich, dass Sie – wenn Sie fest und ruhig auf dem Boden stehen und Ihr Pferd am Führstrick festhalten – weitgehend die Kontrolle über das Geschehen behalten.
- bleiben Sie ebenso souverän, wenn in Ihrem Beisein Ihrem Pferd – etwa durch die tierärztliche Behandlung – kurzzeitig Schmerz zugefügt wird. »Erklären« Sie dem Pferd in ruhigen Worten, dass die Behandlung seinem Wohl dient – es erfasst den Sinn intuitiv.

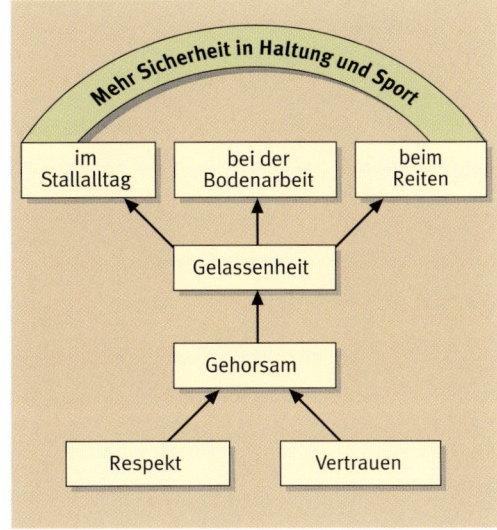

Grunderziehung – die »Basics«

Erziehung ist ein Wort, das gelegentlich unangenehme Erinnerungen in uns wachruft… an eine Ohrfeige oder Hausarrest. Doch Strafe ist nur eine – und nicht unbedingt die sinnvollste und wirkungsvollste – aller pädagogischen Maßnahmen, durch die wir in ein bestehendes soziales System eingegliedert werden sollen.

Erziehung ist nicht auf die menschliche Gesellschaft beschränkt, sondern die Grundlage jeder Gemeinschaft. In der Pferdeherde formen die Mutterstute und die älteren Herdenmitglieder die Persönlichkeit des Fohlens und Jungpferdes. Es lernt, sich zu »benehmen«, denn wer die Regeln bricht, gefährdet die Sicherheit der Gruppe.

Egal, welchem Zweck ein Pferd dienen soll: Eine Grunderziehung mit ganz bestimmten Elementen muss immer vorhanden sein. Es muss sich zum Beispiel willig führen lassen, warten können und dem Menschen auf seinen Wunsch hin ausweichen. Diese, in der Fachsprache »die drei W's« genannten Eigen-

schaften beinhalten auch, dass es sich bei der Körper- und Hufpflege, bei der Behandlung durch Tierarzt und Hufschmied und beim Verladen und Transportieren sicher und angenehm »handeln« lässt. Denn das Pferd vertraut auch bei unangenehmen Prozeduren auf die Autorität des Herdenführers und kontrolliert deshalb seine Ängste. Erziehung soll das Pferd nicht zum willenlosen Roboter machen, sondern ihm artgerecht und verständlich aufzeigen, was wir von ihm erwarten, sodass es uns als »weisungsbefugt« anerkennt.

Als Pferdehalter sind Sie für das Benehmen Ihres Pferdes verantwortlich. Was aber, wenn Sie Ihr Pferd nicht selbst aufziehen konnten? Oder bislang im Umgang mit ihm Fehler machten und nun ein Rüpel in Ihrem Stall steht? Zum Glück können Sie Grunderziehung jederzeit nachholen, gleichgültig wie alt Ihr Pferd ist. Die meisten Pferde, die als stur, hysterisch oder schwierig bezeichnet werden, sind weder unbegabt noch bösartig. Sie wurden nur nicht richtig erzogen. Indem Sie dies nachträglich tun, formen Sie den Charakter Ihres Pferdes positiv um und reduzieren das Unfallrisiko in allen Bereichen.

Schritt für Schritt zum Erfolg

Basic-Übungen erziehen das Pferd zu einem vertrauensvollen und angenehmen Freizeitpartner.

So könnte Ihr Konzept aussehen:

Ist-Zustand:
Wotan ist schwierig zu führen, kann nicht stillstehen, scheut häufig und reagiert in ungewöhnlichen Situationen ängstlich.

Endziel:
In sechs Monaten lässt sich Wotan überall leicht führen und bleibt auf der Straße und im Gelände kontrollierbar. Nächstes Jahr können wir sogar an einer Gelassenheitsprüfung teilnehmen!

Etappenziele:
- 1. Monat: Führ- und Stillsteh-Training, Abbau der Angst vor Berührungen.
- 2. Monat: Übungen mit Schreckauslösern in der Reitanlage.
- 3. Monat: Gelassenheitstraining in einfachen Geländesituationen.
- 4. Monat: Ruhig bleiben im Straßenverkehr.
- 5. Monat: Immer schwierigere Situationen auf der Straße und im Gelände (Autobahnunterführung, Eisenbahnschranke, Hängebrücke, Strecke am Flughafen).
- 6. Monat: Parallel dazu Vorbereitung auf den Gelassenheitswettbewerb.

Kontrolle am Monatsende:
Drei schwierige Aufgaben aus dem jeweiligen Übungsbereich. Sollten sie noch nicht klappen, wird das nächste Etappenziel einen halben Monat verschoben und wir wiederholen die wichtigsten Trainingsschritte.

Belohnung:
Ein »freier Tag« für Wotan und mich, wenn die Übungen klappen.
Und bei Erreichen des Endziels eine gemeinsame Ferienwoche auf dem Hof von Ulla und Klaus!

Ihr Schritt-für-Schritt-Konzept

Geht es Ihnen auch so? Sobald Sie eine Entscheidung getroffen haben, möchten Sie sofort mit Ihrem neuen Projekt anfangen. Ehe Sie nun zum Stall eilen und Wotan oder Suleika mit ungewöhnlichen Aufgaben überfallen, sollten Sie einen Moment innehalten und darüber nachdenken, wie Ihr Übungsprogramm aussehen soll. Mit einem sinnvoll aufgebauten Schritt-für-Schritt-Konzept werden Sie nachhaltiger Erfolge erzielen als mit einer willkürlichen Aneinanderreihung einzelner Lektionen – die Planungsphase ist schließlich ebenso wichtig wie die Ausführungsphase. Stehen »Ist« und »Soll« – wo Sie derzeit stehen und wo Sie ankommen wollen – fest, legen Sie die Einzelschritte fest. Ist der Weg zum Endziel lang, unterteilen Sie ihn in kleinere Abschnitte. Jedes erreichte Etappenziel spornt Sie an weiterzumachen! Außerdem können Sie überprüfen, ob Sie noch auf dem richtigen Weg sind. Wenn nicht, haben Sie jederzeit die Chance, die Route zu korrigieren. Und damit das Ganze Spaß macht, sollten Sie sich an jedem Etappenziel auch belohnen (siehe Grafik Seite 29).

Lernverhalten

Ganz gleich, was Sie mit Ihrem Pferd tun – ob Sie ihm erlauben, sich vor Ihnen durchs Tor zu drängeln oder ob Sie ihm energisch den Weg abschneiden: Immer lernt es etwas dabei, denn jedes Erlebnis wird abgespeichert. Es lernt vor allem, Sie als Autorität anzuerkennen. Und erst wenn es Respekt vor Ihnen hat, schenkt es ihnen seine Aufmerksamkeit und später sein Vertrauen. Ein gelassenes Pferd hat gelernt, seinem Fluchtinstinkt auch in einer ungewöhnlichen Situation nicht nachzugeben, sondern sich vertrauensvoll auf seinen Menschen zu verlassen. Ein nervöses Pferd hat hingegen vermutlich viele Male erfahren, dass sein Mensch hilflos reagiert. Es hat gelernt, dass es ohne Leittier ist und es deshalb besser ist, auf seinen eigenen Fluchtinstinkt zu vertrauen. Ein widersetzliches Pferd wiederum weiß, dass es seinem Reiter Angst einflößt, wenn es steigt oder bockt, und dass es sich so ungeliebten Aufgaben entziehen kann.

Das Lernen des Pferdes besteht vor allem darin, Erlebtes aufzunehmen und Erfahrungen abzuspeichern. Dieser Prozess dauert das ganze Leben lang und schließt jede noch so unbedeutend erscheinende Erfahrung ein. Erkennen Sie, was dies bedeutet? Ihr eigenes Verhalten dem Pferd gegenüber formt seine Persönlichkeit und macht es ängstlich, widersetzlich oder aber respektvoll und gelassen.

So lernen Pferde leichter:

- Versuchen Sie, sich künftig wie ein vertrauenswürdiges Leitpferd zu verhalten. Seien Sie konsequent.
- Schaffen Sie anfangs ein Umfeld ohne Störfaktoren. Erst wenn die Basics hier zuverlässig abrufbar sind, trainieren Sie in einem turbulenteren Umfeld.
- Stellen Sie sicher, dass die Ausrüstung Ihrem Pferd passt und nichts drückt.
- Bewegen Sie Ihr Pferd vor den Übungen. Es sollte gelöst, aber weder erschöpft noch übermütig sein.
- Trainieren Sie nicht kurz vor den Futterzeiten, denn dann ist Ihr Pferd hungrig und unkonzentriert. Lassen Sie es auch nicht mit vollem Bauch üben.
- Erlauben Sie ihm jederzeit, Harn oder Kot abzusetzen. Das kann ein Ausdruck innerer Spannung sein.
- Gestalten Sie jeden Lernschritt so, dass er für das Pferd verständlich ist. Das Erfolgserlebnis motiviert es zum Weitermachen.
- Loben Sie Ihr Pferd, sobald es einen Ansatz in die gewünschte Richtung zeigt. Es wird dadurch bestätigt, dass es auf dem richtigen Weg ist.
- Lassen Sie es nach jeder Aufgabe ein wenig ausruhen. Das hilft ihm, das Gelernte abzuspeichern und zu verdauen.
- Nehmen Sie den nächsten Lernschritt erst in Angriff, wenn es den vorausgehenden verstanden hat.
- Strafen Sie Ihr Pferd niemals für einen Misserfolg, suchen Sie den Fehler bei sich selbst.
- Stellen Sie Ihr Training unter das Motto »kurz und knackig« und zwiebeln Sie Ihr Pferd nicht endlos. Ein Pferd ist nur begrenzt konzentrationsfähig.
- Beenden Sie eine Trainingseinheit mit einer Aufgabe, die das Pferd gut beherrscht. Das schafft eine positive Ausgangsbasis für das nächste Mal.

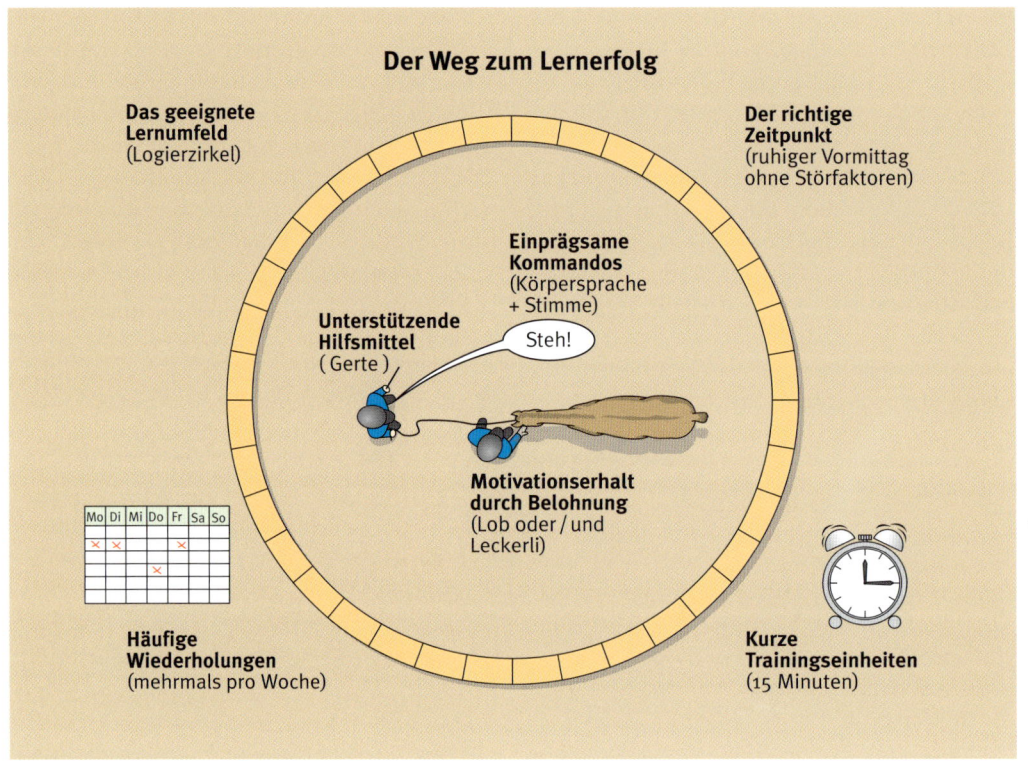

Der Weg zum Lernerfolg

Das geeignete Lernumfeld (Logierzirkel)

Der richtige Zeitpunkt (ruhiger Vormittag ohne Störfaktoren)

Einprägsame Kommandos (Körpersprache + Stimme)

Unterstützende Hilfsmittel (Gerte)

Steh!

Motivationserhalt durch Belohnung (Lob oder / und Leckerli)

Häufige Wiederholungen (mehrmals pro Woche)

Kurze Trainingseinheiten (15 Minuten)

Voraussetzungen bei Mensch und Pferd

Wenn Sie mit Ihrem Pferd arbeiten, möchten Sie bestimmte Ziele erreichen. Das klappt natürlich nur, wenn Sie beide die dafür erforderlichen Voraussetzungen mitbringen. So, wie ein Kleinkind keine höhere Mathematik lernen kann, so fehlt auch einem Jungpferd die für bestimmte Übungen erforderliche Konzentrations- und Lernfähigkeit. Ebenso erfordert die nachträgliche Grunderziehung eines erwachsenen Pferdes, das nie gelernt hat, aufmerksam auf den Menschen zu achten, deutlich mehr Wissen, Können, Geduld und Konsequenz als die Erziehung eines Tieres, das unter idealen

Bedingungen und bei echten Horsemen aufwachsen durfte.

Ähnliches gilt für Sie als Pferdebesitzer. Sind Sie bereit, sich das notwendige Wissen anzueignen? Haben Sie genügend Zeit und Kraft, möglichst täglich in genau durchdachten, aufs Pferd abgestimmten Trainingseinheiten zu üben? Es ist keine Schande zugeben zu müssen, wenn dazu Zeit, Kraft oder auch der Mut fehlen. Dann steht es Ihnen frei, um Hilfe zu bitten (zum Beispiel einen seriösen Ausbilder). Oder den Zielrahmen zu verändern, indem Sie sich mehr Zeit für das Erreichen des Endziels einräumen. Immer und überall gilt die Merkregel: Unterforderung macht Lernen langweilig – Überforderung macht Lernen unmöglich.

Voraussetzungen beim Pferdehalter:
- emotionale und intellektuelle Reife, um das Wesen des Pferdes zu begreifen,
- Bereitschaft, sich auch theoretisch in Büchern oder auf Lehrgängen weiterzubilden,
- körperliche Kraft und Beweglichkeit, um das Pferd auch in einer kritischen Situation hinreichend zu kontrollieren,
- Bereitschaft, eine gewisse Regelmäßigkeit bei den Übungen einzuhalten.

Voraussetzungen beim Pferd*):
- körperliches Wohlbefinden (keine akute Verletzung oder Erkrankung; bei chronischen Erkrankungen mit dem Tierarzt abklären, was dem Pferd zuzumuten ist),
- psychische Reife, also die Fähigkeit, sich eine Weile auf Sie und die gestellte Aufgabe zu konzentrieren (Fohlen = ein paar Sekunden bis 1 Minute; Jungpferd = bis max. 5 Minuten, erwachsenes untrainiertes Pferd = 5 bis 10 Minuten, erwachsenes trainiertes Pferd = max. 15 bis 20 Minuten).

*) Grunderziehung vom Boden aus

Basisübung Stillstehen

Angstfrei stillzustehen ist für das Pferd ganz natürlich, wenn es döst oder seine Umgebung betrachtet. Eine andere Form des Stillstehens geht dem Flucht- oder Wehrverhalten voraus: Das Pferd nimmt etwas Bedrohliches wahr und hält mit angespannten Muskeln inne. Im Stall allerdings wird ihm das Stillstehen aufgezwungen.

Eines der wichtigsten Etappenziele ist das Stillstehen. Es kann gar nicht häufig genug geübt werden!

Nicht aus Ungehorsam, sondern aus Konzentrationsmangel fällt Stillstehen schwer. Beenden Sie die Übung daher und loben Sie Ihr Pferd, ehe es zu zappeln beginnt.

»Auf Kommando« wird Stillstehen oft zum Problem. Was wie eine Unart erscheint, ist Ausdruck mangelnden Respekts und Vertrauens. Aber eine glückliche Fügung besteht darin, dass gerade Stillsteh-Übungen schnell Ihre Rolle als Leittier festigen! Je nach Haltungsform sollten Sie Ihr Pferd vorher ausreichend bewegen.

So üben Sie richtig:
- Ihr Pferd trägt Halfter und Führstrick; Sie feste Schuhe, Handschuhe und Gerte.
- Führen Sie Ihr Pferd an einen ungestörten Platz.

> Ihr Pferd steht zwanglos still, wenn es sich sicher und beschützt fühlt.
> Es ist umso ausgeglichener, je freier es in seiner Haltungsform zwischen Ruhen und Bewegen wählen kann.

- Stellen Sie sich aufrecht etwa 1,50 Meter vor Ihrem Pferd auf und wecken durch Zupfen am Strick und die aufrecht gestellte Gerte seine Aufmerksamkeit.
- Geben Sie das Kommando »Steh!« oder »Whoa!«. Macht Ihr Pferd einen oder mehrere Schritte auf Sie zu, schlenkern Sie mit dem Strick und tippen mit der Gerte gegen das »ungehorsame« Bein, bis es zurückweicht.
- Reicht dies nicht, klopfen Sie mit der Gerte leicht gegen die Brust und schicken es zurück.
- Bleibt es dann auch nur zwei oder drei Sekunden lang ruhig stehen, senken Sie Hand und Gerte, loben das Pferd und beenden die Übung.
- Führen Sie diese Übung täglich durch, dehnen Sie sie allmählich bis auf mehrere Minuten aus.
- Fordern Sie die Übung an den unterschiedlichsten Orten und im Beisein anderer Menschen und Pferde.
- Erspüren Sie den Zeitpunkt, wann Sie den Strick loslassen und auf den Boden hängen lassen können. Gehen Sie mit ruhigen Schritten um Ihr Pferd herum und nehmen den Strick wieder auf.
- Ihr Endziel besteht darin, Ihr Pferd in jedem eingefriedeten Bereich unangebunden stillstehen zu lassen und eine Weile fortgehen zu können, ohne dass es sich fortbewegt.

Tipps für später

Das Stillstehen ist eine Übung, die niemals ihre Aktualität verliert. Machen Sie sie beim Führen, Longieren, Freilauf, bei Spaziergängen und Ausritten. Gestalten Sie sie niemals als Strafe, sondern immer als Entspannungspause oder Belohnung. Nichts baut über den Weg des Gehorsams zugleich so viel innere Ruhe auf!

Das richtige Führen

Vom ersten bis zum letzten Tag Ihres Lebens als Pferdebesitzer führen Sie Ihr Pferd – über die Stallgasse, durch die Reitanlage, zur Weide, über den Turnierplatz. Wenn Sie dabei auch in ungewöhnlichen Umgebungen »Führungsqualität« beweisen, besitzen Sie den wichtigsten Schlüssel zu seiner Gelassenheit. Denn für Ihr Pferd gilt: »Wo das Leitpferd ist, ist Sicherheit. Bleibt das Leitpferd gelassen, droht keine Gefahr!« An *Ihrer* Souveränität orientiert sich *sein* Verhalten.

Ehe Sie sich an Führsituationen wagen, die zum jetzigen Zeitpunkt Angst oder Widerstand auslösen könnten, bauen Sie über einfache Basic-Übungen zuverlässigen Führgehorsam auf. Lassen Sie sich bitte von der Schlichtheit der Übungen nicht dazu verleiten, es mit der Ausführung nicht so genau zu nehmen. Schludrigkeit unterminiert Ihre Leitpferdposition. Ihr Pferd mag anfangs schmollen, weil seine Zeiten als Boss vorüber sind. Doch sobald es Ihre Führungsrolle akzeptiert hat, atmet es auf. Endlich passen Sie wirklich auf es auf. Es kann sich Ihnen gelassen anvertrauen!

Grundprogramm

- Arbeiten Sie auf einem kleineren, eingezäunten Platz mit trittfestem Boden.

Geeignete Ausrüstung

Führperson:
- feste, hohe, rutschfeste Schuhe,
- Handschuhe,
- Dressurgerte.

Pferd:
- Stallhalfter oder Seilhalfter,
- klassischer Kappzaum,
- spanischer Kappzaum oder
- gut angepasstes südamerikanisches Rohhauthalfter,
- stabiles Führseil,
- Bandagen (mindestens an den Vorderbeinen).

Führkette – ja oder nein?
Eine milde Führkette zum Halfter ist lediglich bei einem respektlosen oder faulen Pferd in der Anfangsphase erforderlich. Sie wirkt nur dann relativ schmerzfrei, wenn Sie schnell und kurz durch Zupfsignale aus dem Handgelenk heraus auf die Pferdenase einwirken, um die Anweisung zum Anhalten oder Zurückweichen zu unterstreichen. Anhaltender Zug verursacht Druck und Schmerzen und fordert Widerstand heraus. Ein gut erzogenes Pferd benötigt in keiner Situation eine Führkette.

- Lassen Sie Ihr Pferd auf ein kurzes Kommando hin (z. B. Zungenschnalzen) am durchhängenden Strick sowohl rechts als auch links neben sich gehen.
- Der Pferdekopf befindet sich in Höhe Ihrer Schulter, seine Nase darf sich nicht weiter vorschieben. Versucht es, Sie zu überholen, bewegen Sie die Gerte vor seinem Kopf auf und ab oder weisen es mit einem kurzen Ruck am Führstrick zurecht.
- Bestehen Sie darauf, dass es respektvoll seitlich mindestens eine Armlänge Abstand hält. Es darf sich nicht an Sie drängeln. Weisen Sie es gegebenenfalls mit einem Schubs gegen Nase oder Schulter zurecht.
- Die nächste Übung ist das Wenden. Wenn Sie links vom Pferd gehen, wenden Sie möglichst immer nach rechts ab, indem Sie Ihren Körper deutlich nach rechts drehen, den rechten Arm mit dem Führstrick ausstrecken und mit der Gerte in der linken Hand die Richtung weisen. Das Wenden nach rechts fördert den Respekt Ihres Pferdes nachhaltiger, als wenn Sie ihm erlauben würden, Sie beim Wenden zu überholen und in einer Volte links um Sie zu kreiseln.
- Danach üben Sie das Rückwärtsrichten: Stellen Sie sich frontal direkt vor das Pferd und schlenkern Sie mit dem Seil, geben das Kommando »Zurück« und tippen mit der Gerte an die Pferdebrust, bis es vertrauensvoll ein bis vier Tritte rückwärts macht. Bitte nicht mehr! Das Rückwärtsrichten ist eine Gehorsamsübung, aber keine Strafe.
- Zwischendurch lassen Sie es gelegentlich anhalten und bauen die Ihnen schon bekannte Stillsteh-Übung ein.
- Sitzen all diese Übungen, lassen Sie es statt neben Ihnen *hinter* Ihnen laufen. Den Sicherheitsabstand von einem bis eineinhalb Metern setzen Sie durch, indem Sie konsequent mit dem Führstrick schlenkern, sobald es aufholen möchte.

Ein verständnisvolles Kind kann – unter Anleitung – sehr schön mit seinem Pferd arbeiten.

● Sobald das Führen im Schritt gelingt, probieren Sie es im Trab und – bei einem Gangpferd – im Tölt oder Walk. Passen Sie anfangs Ihr Tempo dem Gangmaß des Pferdes an. Bei einem raumgreifend trabenden Pferd müssen Sie vielleicht erst Ihrer Kondition auf die Sprünge helfen. Ist Ihr Pferd gut gymnastiziert, können Sie von ihm erwarten, dass es sein Tempo im Trab zurück nimmt und sich Ihrem Gangmaß anpasst.

> Auch wenn Ihr Pferd Spaß an der Arbeit mit Hindernissen hat: Diese Führübungen fordern von ihm eine Riesenportion Konzentration! Drei bis fünf Durchgänge sind pro Hindernis völlig ausreichend.

Aufbauprogramm

● Dehnen Sie Ihren Aktionsradius aus und führen Sie die Übungen überall in der Reitanlage oder auf der Weide durch.

● Bauen Sie kleine, schnell wieder wegzuräumende Führhindernisse – Gasse, Slalom, Bodenlabyrinth – aus Cavaletti oder einfachen, zirka zwei Meter langen Rundhölzern. Auch mit Sand gefüllte Kunststoffkanister oder Regentonnen sind geeignet. Führhindernisse ermöglichen präzises, punktgenaues Arbeiten und verbessern die Konzentrationsfähigkeit des Pferdes.

● Beginnen Sie mit einer einfachen Aufgabe, z. B. einer Gasse aus Rundhölzern. Ermutigen Sie Ihr Pferd, sich den »Eingang« in Ruhe anzuschauen. Der gesenkte Kopf beweist Vertrauen und schaltet den »Fluchtknopf« aus.

- Geleiten Sie es einen oder zwei Schritte in die Gasse hinein und halten es an. So kann es die einzelnen »Etappen« wahrnehmen, statt aufgeregt hindurch zu rennen!
- Auch für genaues Rückwärtsrichten sind gassenähnliche Hindernisse ideal.
- Bei Wendungen achten Sie darauf, dass Ihr Pferd langsam geht. Dadurch wird sein Körper gleichzeitig sanft gedehnt.
- Müssen Sie Ihr Pferd zum nächsten Schritt ermuntern, zupfen Sie nur am Führstrick.
- Ist es umgekehrt zu eilig, schlenkern mit dem Führstrick oder heben die Gerte, um es zum Zurückbleiben aufzufordern.

Umgang in Stall und Hof

Für viele Pferdebesitzer fängt der »echte Spaß« mit dem Pferd erst an, wenn sie auf seinem Rücken sitzen. Dass sie sich vor und nach dem Reiten mindestens genau so lange mit ihm beschäftigen, zählt zu den – teils sogar als lästig betrachteten – Pflichten. Dem Pferd ist dies nicht bewusst. Geritten zu werden ist nur eine von verschiedenen Prozeduren, die seine Tagesroutine unterbrechen. Während für Sie seine Erziehung in dem Augenblick beginnt, in dem Sie sich gezielt bestimmten Übungen widmen, betrachtet das Pferd jeden Moment, in dem es mit Ihnen zusammen ist, als ebenso wichtig. Diese Erfahrungen formen das Bild, das es sich von Ihnen macht.

Achtsamkeit
Auch wenn Ihr Pferd Ihrer Entspannung dienen soll, entziehen Sie bitte weder ihm, noch

Verhalten Sie sich bei allen Handgriffen so, dass Ihr Pferd versteht, was Sie von ihm wünschen.

Ihrem Umfeld, noch den Dingen, die gleich passieren *könnten*, jemals Ihre Aufmerksamkeit. Schubbert das Nachbarpferd seinen Mähnenkamm unter dem Anbindebalken? Es könnte erschrecken und beim Zurückspringen in Ihr Pferd hineintreten… Als Leitpferd ist es Ihre Aufgabe, vorauszudenken und Ihr Pferd zu beschützen.

Pferdegemäßes Handeln
Ihr Pferd bleibt ein Pferd, auch wenn Sie noch so vertraut mit ihm umgehen. Ihm sind instinktive Verhaltensweisen wie der Flucht- und Wehrreflex »einprogrammiert«.

Die »Knöpfe«, die diese Reflexe aktivieren, werden umso schneller angeknipst, je weniger pferdegemäß Sie sich verhalten. Überlegen Sie, wie Sie Ihrem Pferd eine Anweisung verständlich machen. Es soll stillstehen, damit Sie die Beine bandagieren können? Wie kann es das, wenn Sie schreien, herumfuchteln oder es knuffen! Strahlen Sie Ruhe aus. Streichen Sie geduldig seinen Körper und seine Beine ab. Loben Sie es. Alles andere ist aggressives Raubtierverhalten.

Höflichkeit

Höfliche – nicht unterwürfige – Menschen sind uns sympathisch. Sie bitten freundlich, Sie bedanken sich angemessen. Vom Pferd erwarten Sie Respekt und Gehorsam. Beides dient Ihrer und aller Sicherheit. Sie möchten, dass das Pferd wartet, bis Sie ein Tor geöffnet oder sein Futter eingefüllt haben? Vergessen Sie bei aller Konsequenz niemals, freundlich und fair zu bleiben, auch wenn Sie Sorgen haben oder in Eile sind. Bedanken Sie sich immer auf pferdegerechte Weise, indem Sie es unmittelbar hinterher loben und ihm nach der Arbeit Wohlgefühl verschaffen – ein Wälzbad, eine lauwarme Dusche, einen Spaziergang zum Grasen.

Abbau von Berührungsängsten

Ein Wesen, das einem anderen freiwillig gestattet, es überall zu berühren, beweist damit größtmögliches Vertrauen. Doch viele Pferde haben Angst vor bestimmten Berührungen. Durch schrittweises Üben können Sie diese

Grundregeln:

- Binden Sie Ihr Pferd kurz und hoch an.
- Sprechen Sie während der Körperarbeit beruhigend mit ihm.
- Soll es die Stellung verändern, berühren Sie es impulsartig, da es solchen Signale reflexartig ausweicht. Loben Sie seine Reaktion, um seinen Gehorsam zu festigen.
- Erzwingen Sie bestimmte Übungen nicht, indem Sie es am Halfter festhalten. Bereiten Sie solche Maßnahmen über einen längeren Zeitraum vor.

Ängste abbauen und Widersetzlichkeiten vorbeugen, wenn Ihr Pferd bei einer Erkrankung hier berührt werden muss. Beim Ausritt wird es gelassener bleiben, wenn etwas raschelt oder um seinen Körper weht.

So üben Sie richtig:

- Sie benötigen weiche Tücher, feuchtwarme Lappen, eine große Plastiktüte, Gerte und Longierpeitsche.
- Streichen Sie Ihr Pferd mit dem Tuch ab: vom Genick zum Schweifansatz und über alle Körperteile von vorn nach hinten und von oben nach unten. Umfassen Sie die Schweifwurzel und heben und senken Sie sie sanft.
- Nähern Sie sich behutsam dem empfindlichen Bauchbereich sowie Euter oder Schlauch. Blickt Ihr Pferd sich um, legt es die Ohren an oder zieht reflexartig das Hinterbein hoch, ist ihm diese Berührung unangenehm. Verändern Sie Handbewegungen und Druckstärke; was das eine Tier als Druck empfindet, ist für das andere ein Kitzeln.
- Fahren Sie über den unteren Halsmuskel zum Kehlgang und massieren Sie die Ganaschenpartie. Dann massieren Sie das Kinn und arbeiten sich zu den Nüstern hoch. Wenden Sie sich Stirn und Augenpartie erst zu, wenn Ihr Pferd dies akzeptiert.
- Arbeiten Sie sich vorsichtig zu den Ohren hinauf – einem besonders sensiblen Körperbereich. Senkt Ihr Pferd den Kopf, ist dies ein großer Vertrauensbeweis.
- Massieren Sie mit einem feuchtwarmen Lappen seine Lippen und fahren in die Maulspalte. Massieren Sie Zahnfleisch und Laden.
- Für Berührungen an Euter, Schlauch und After benutzen Sie unbedingt einen frischen Lappen. Massieren Sie die Afterrosette.

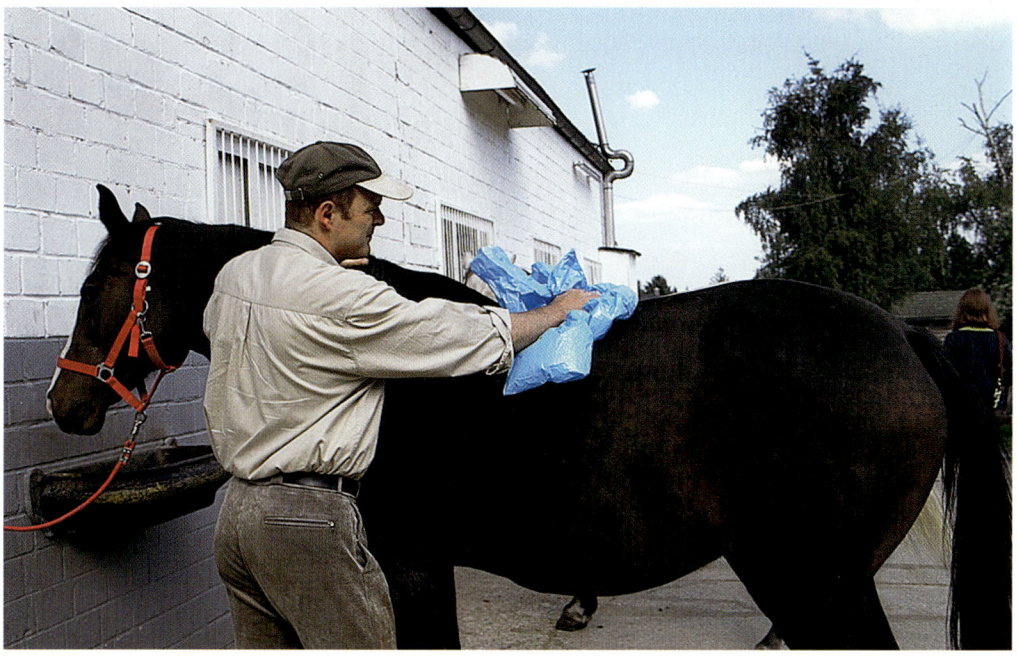

Eine wichtige Übung gegen die Schreckhaftigkeit ist das Abreiben mit einer Plastiktüte.

- Streichen Sie Ihr Pferd mit der Gerte (später der Longierpeitsche) ab – beginnend beim Hals über Nacken und Flanke zur Kruppe und hinunter zu den Beinen. Erst danach führen Sie die Peitsche zu Bauch, Kopf und Gesicht.
- Lassen Sie Ihr Pferd an einer zerknüllten Plastikeinkaufstüte schnuppern. Knistern Sie mit der Tüte, bis es Desinteresse zeigt. Massieren Sie seinen Hals mit dem Plastikknäuel.
- Arbeiten Sie sich später allmählich über den ganzen Körper vor. Reagiert Ihr Pferd gelassen, berühren Sie Gesicht und Genitalien.
- Breiten Sie die Tüte über dem Gesicht des Pferdes aus.

Training für Fortgeschrittene

Vom kleinen zum großen Einmaleins

Mit den Basics haben Sie sich und Ihrem Pferd auf dem Weg zu mehr Gelassenheit ein stabiles Fundament geschaffen. Möglicherweise haben Sie dabei bemerkt, dass manche Übung sich im Buch viel leichter las als sie sich in der Praxis durchführen ließ. Schön, wenn Sie nicht die Geduld verloren haben und sich Zeit zum Trainieren ließen… selbst wenn der eine oder andere Reiterfreund darüber lächelte. Die Bascis waren und sind das kleine Einmaleins der Grunderziehung, das Ihre Rolle als Leittier gefestigt hat und Ihrem Pferd aufgezeigt hat, dass Sie als verantwortungsvoller Herdenchef stets bestimmen, »wo es lang geht«. Folgt Ihr Pferd Ihnen respektvoll, voller Vertrauen und Gehorsam, handelt es keinesfalls gegen, sondern in Einklang mit seinen natürlichen Verhaltensweisen. Scheuen Sie sich daher niemals, zu diesen allerersten Übungen zurückzukehren, wenn die Situation ein Auffrischen erfordert.

Beim Training für Fortgeschrittene werden Sie nun die umgekehrte Feststellung machen. Viele Übungen erscheinen bei der Lektüre schwieriger, als sie in der Praxis durchzuführen sind. Erinnern Sie sich daran, dass auch in der Mathematik das große Einmaleins auf dem kleinen aufbaute? Und dass Sie in der Schule bei einer Aufgabe wie 9 x 18 immer auf die Bausteine 9 x 10 und 9 x 8 zurückgreifen konnten, wenn Ihnen die Zahl 162 nicht sofort einfiel? Genauso funktioniert auch die Pferdeausbildung. Wenn die Basis stimmt, geht alles leichter. Und bei allen Übungen für Fortgeschrittene haben Sie außerdem die Möglichkeit, die jeweilige Lektion in ihre Grundschritte zu zerlegen.

Sie werden nun nach und nach neue Übungsplätze und ausgefallene Übungsmittel einbeziehen und sogar bewusst außergewöhnliche Situationen suchen. Sie werden die Reitanlage verlassen, im Gelände und auf der Straße und hoffentlich auch gemeinsam mit anderen Pferdebesitzern in der Gruppe trainieren. Wieder arbeiten Sie sich von einfachen zu schwierigeren Lektionen vor und räumen sich alle Zeit der Welt ein. Mit jedem Erfolg pflastern Sie den Pfad zu vollständiger Gelassenheit mit einem weiteren tragfähigen Baustein. Während Ihr Selbstbewusstsein wächst, sinkt auch Ihre – bislang durchaus gerechtfertigte – Furcht vor unvorhersehbaren Ereignissen. Denn obwohl Sie sich durch ein fantasievolles Training sogar auf spektakuläre Schreckauslöser vorbereiten können, werden Ihnen doch gelegentlich Dinge passieren, die Sie sich nie hätten träumen lassen. So wie der Autorin dieses Buches, die beim geruhsamen Waldausritt mit einer Freundin auf einen im Wald parkenden Militärhubschrauber traf. Während den beiden Reiterinnen das Herz in die Hose rutschte, schenkten die gut trainierten (und ansonsten keineswegs langweiligen) Stuten »dem komischen Ding« zwar einen interessierten Blick, wanderten dann aber – sozusagen Kopf schüttelnd – unverdrossen weiter… und genau das ist es, was wir unter Gelassenheit verstehen!

Nun ist Ihr Pferd reif für ausgefallenere Übungen!

Übungen in der Reitanlage

Gehören Sie auch zu den Pferdebesitzern, die sich zwar selbst zu Fuß durch die gesamte Reitanlage bewegen, mit Ihrem Pferd aber nur bestimmte Bereiche begehen – die Stallgasse, den Weg zu Halle oder Platz oder die Straße, die zur Weide oder ins Ausreitgelände führt? Künftig werden Sie sich hier für Ihr Gelassenheitstraining neue Aktionsräume erschließen! Jeder Bereich, den Ihr Pferd ohne Gefahr, sich in einer Schrecksekunde oder bei einer Unachtsamkeit erheblich zu verletzen, betreten kann, ist geeignet: der Parkplatz für PKW's, Pferdeanhänger und – wichtig – landwirtschaftliche Maschinen, die Wasch- und Schmiedeecke, die Aufsitzrampe, die Pferdeschwemme, das Stroh- und Spänelager, der Mistplatz und die alte Scheune… Umgekehrt können Sie aber auch bewegliche Gegenstände von daheim oder aus dem Stall auf einen dem Pferd vertrauten Platz – Longierzirkel oder Reitbahn – holen und damit neue Lektionen gestalten. Sie brauchen also zunächst gar nicht die Reitanlage zu verlassen, um Ihr Pferd an Außergewöhnliches zu gewöhnen.

Vorteile auf einen Blick:

• Die Reitanlage ist das Zuhause Ihres Pferdes und damit ein vertrauter Ort. Hier hält es sich auch in den Stunden auf, in denen Sie nicht bei ihm sind und sich mit ihm beschäftigen. Gerät es doch einmal außer Kontrolle, wird es vermutlich zu seinem Stall oder Paddock zurücklaufen und nicht ins Gelände flüchten.
• Hier finden Sie Bereiche, die ganz oder teilweise eingefriedet sind, sodass Sie vielleicht nur ein Band spannen müssen, um ein Übungsfeld abzusichern.
• Selten sind Sie allein und finden leichter einen Helfer, der Ihnen assistiert.

• Durch Ihr Training motivieren Sie (hoffentlich) einige Mitreiter, sich mit ihren Pferden Ihren Übungen anzuschließen. Pferde haben einen ausgeprägten Nachfolge- und Nachahmungstrieb. Ängstliche und unruhige Tiere lernen im Beisein und durch das Vorbild eines ruhigen Artgenossen schneller und nachhaltiger.
• Gruppenübungen geben ihren Pferd die Möglichkeit, mit anderen Pferden zusammen zuarbeiten. Das ist wichtig, wenn Sie es einzelnhalten.
• Gleichzeitig sind Gruppenübungen ein Weg um zu überprüfen, ob Ihr Pferd wirklich Ihre Leitpferdrolle anerkennt oder ob es sich im Beisein anderer Pferde lieber an seinen Artgenossen orientiert. Ist dies der Fall, schieben Sie noch einmal einige Basic-Übungen ein, um Ihre ranghöhere Position zu festigen.

Konfliktfreies Lernen

Gelassenheit beinhaltet zwei scheinbar gegensätzliche Fähigkeiten: Aufmerksamkeit gegenüber einer bestimmten Form von Reizen und Unempfindlichkeit gegenüber einer anderen. Das gelassene Pferd hat gelernt, sich auf Sie aufmerksam zu konzentrieren. Daher reagiert es gehorsam auf Ihre Anweisungen. Andererseits jedoch lösen ungewöhnliche Situationen, die es in Ihrer Gegenwart wahrnimmt, keine Angst in ihm aus. Auf sie reagiert es mit Gleichmut.

Die Sensibilität Ihren Anweisungen gegenüber ist Teil seines natürlichen Verhaltensprogramms (»Ich achte auf das Leitpferd!«), die Desensibilität (»Die Plastikplane tut mir nichts!«) – bezogen auf die Menschenwelt – eine Lernerfahrung. Sie können diesen Lernprozess vereinfachen, indem Sie klare Regeln

Ein durchdachtes Schritt-für-Schritt-Programm gestaltet das Lernen leicht und konfliktfrei.

befolgen. Sie berücksichtigen, dass das Pferd zwar ein Erinnerungskünstler ist, aber anders als wir Menschen nicht abstrakt denken kann und erst lernen muss, Gedankenbrücken herzustellen.

Regeln für konfliktfreies Lernen:
Über die Basics stellen Sie Respekt, Vertrauen und Gehorsam her und übernehmen die Leitpferdrolle. Sie akzeptieren, dass alles Unbekannte den Fluchtreflex auslösen kann.
Sie bringen Ihr Pferd in den ihm vertrauten Bereichen so behutsam mit Angstauslösern zusammen, dass in Folge des Gefühls »Ich werde beschützt« statt Angst Neugier geweckt wird. Das Pferd erfährt: »Meine Angst ist unbegründet!« Sie zeigen Ihrem Pferd neue Bereiche, ohne es hier mit Angstauslösern zu konfrontieren. Erst wenn auch diese Bereiche ihm vertraut sind, machen Sie es auch dort mit Angstauslösern bekannt. Es stellt eine Gedankenbrücke her: »Leitpferd + vertrautes Gelände + ungewohntes Ding = keine Gefahr!«

Hat es diese Erfahrung oft genug gemacht, gehen Sie in eine fremde Umgebung und zeigen ihm hier Angstauslöser, die es bereits als ungefährlich kennen gelernt hat (die Plastikplane vom Reitplatz). Ihre Souveränität hilft ihm, eine weitere Gedankenbrücke zu schaffen: »Leitpferd + fremdes Gelände + wiedererkanntes Ding = keine Gefahr!«

Gehen Sie dann in eine fremde Umgebung (Waldweg) und konfrontieren Sie Ihr Pferd hier mit ungewohnten Situationen, in denen Sie ruhig bleiben und signalisieren: »Leitpferd

+ fremdes Gelände + unbekanntes Ding = keine Gefahr!«

Bei regelmäßigem Üben verinnerlicht Ihr Pferd die Erfahrung, dass in Ihrem Beisein keine Gefahr droht. Sobald dieses Wissen fest verankert ist, spielen Umfeld, Angstauslöser und unerwartete Situationen keine Rolle mehr. Dann ist Ihr Pferd wirklich gelassen.

Neues in vertrauter Umgebung

Jetzt geht es darum, Ihrem Pferd in vertrauter Umgebung Neues zu zeigen und es allmählich mit Situationen zu konfrontieren, die ihm außerhalb Ihrer Reitanlage einen mehr oder minder großen Schrecken einjagen würden. Ihr Pferd sollte dabei möglichst *gar keine* Angst empfinden, denn jede Form des Unbehagens verzögert den Lernprozess, weil es Ihnen nicht die notwendige Aufmerksamkeit schenken kann. Die angestrebte Angstfreiheit ist erreichbar, wenn Sie bei jedem neuen »Ding«, das Ihr Pferd akzeptieren lernen soll, dem Muster des freiwilligen Lernens folgen. Es befriedigt die dem Pferd angeborenen Bedürfnisse und ruft zugleich schon erlernte Fähigkeiten ab. Dabei beachten Sie drei Verhaltensregeln, die sich an pferdetypischen Verhaltensweisen orientieren, aber auch seine individuelle Persönlichkeit berücksichtigen.

Regel 1: Wahren Sie die Fluchtdistanz!

Wie Sie schon gelesen haben, möchte Ihr Pferd einen mehr oder minder großen Abstand zwischen sich und etwas Außergewöhnlichem wissen. Aus dieser Entfernung heraus betrachtet es die Besonderheit mit Aufmerksamkeit, jedoch ohne Angst. Erst wenn das »Ding« sich nähert, die Fluchtdistanz also unterschreitet, flieht es. Hantieren Sie daher mit Ihrem ungewöhnlichen Gegenstand außerhalb seines individuellen Fluchtbereichs. Ist Ihr Pferd schon relativ gelassen, können Sie vermutlich in einem Roundpen oder Longierzirkel arbeiten, ist es eher ängstlich, müssen Sie auf einer größeren Reitbahn trainieren.

Regel 2: Strahlen Sie Harmlosigkeit aus!

Ihr Pferd liest aus Ihrem Körper. Bewegen Sie sich ruhig, machen Sie kleine Pausen, gehen Sie mit lockerer Schulterpartie und leicht gesenktem Kopf. Sie dürfen leise singen, da dies Ihren Atemrhythmus beruhigt und Ihre Körperspannung herabsetzt. Schauen Sie Ihr Pferd nicht an, locken Sie es nicht. Was Sie mit dem Gegenstand tun, betrifft nicht Ihr Pferd.

Regel 3: Zwingen Sie Ihr Pferd zu nichts!

Schwer für eifrige Naturen: Erst wenn Ihr Pferd *selbst* von der Harmlosigkeit Ihrer Tätigkeit überzeugt ist, kann es die Erfahrung: »Mir droht keine Gefahr!« verinnerlichen. Es gibt Pferde, die ihrem Menschen so vertrauen, dass sie sich bereits am ersten Tag des Trainings mit einer Bauplane in diese »einwickeln« lassen, und andere, die dafür fast zwei Wochen benötigen. Hat Ihr Pferd aber einmal *wirklich* begriffen, dass nichts Schlimmes vor sich geht, könnten Sie, wenn Sie wollten, ein komplettes Übungsprogramm mit zwanzig neuen Schreckauslösern binnen einer halben Stunde absolvieren. Gleichgültig, was Sie Furchterregendes anschleppen – Ihr Pferd wird absolut gelassen bleiben.

Das Prinzip der Freiwilligkeit

Lernen unter Zwang bedeutet Stress, Lernen aus eigenem Antrieb macht Freude. Domestizierte Pferde haben wenige Aufgaben, die sie selbstständig lösen müssen. Daher sind sie intellektuell häufig unterfordert. Das Gelassenheitstraining liefert dem Gehirn durch ausgefallene Übungen neue Anreize. Die mit dem Spaß verbundene Motivation ist ein wichtiger Faktor auf dem Weg zu mehr Gelassenheit. Folgen Sie daher dem Muster des freiwilligen Lernens:

- Sie stellen *Akzeptanz* her. Da Ihr Pferd Ihnen vertraut, können Sie einen ungewöhnlichen Gegenstand außerhalb seiner Fluchtdistanz in den vertrauten Bereich bringen, ohne dass es Angst verspürt.
- Sie überzeugen es von der *Harmlosigkeit* des Gegenstandes. Hantieren Sie mit ihm ausgiebig herum und geben Ihrem Pferd Gelegenheit, ihn aus der Ferne zu betrachten. Wichtig: eine entspannte Körperhaltung und deutliches »Desinteresse« am Pferd.
- Sie wecken seine *Neugier*. Wenden Sie ruhig Tricks an, indem Sie sich neben den Gegenstand setzen und eine Möhre essen. Ihr Ziel: Ihr Pferd tritt *von sich aus* auf Sie zu. Diese Phase erfordert Geduld. Die meisten Pferde kommen nach geraumer Zeit heran, um sich einen Bissen abzuholen oder den Gegenstand zu betrachten oder zu beriechen.
- Ist der *Nachfolgetrieb* Ihres Pferdes ausgeprägt, animieren Sie es, Ihnen zu folgen, während Sie mit dem Gegenstand auf dem Platz hantieren. Halten Sie Ihr Pferd nicht fest – üben Sie keinen Zwang aus!
- Regen Sie es an, an dem Gegenstand zu schnuppern. Dieses Übungselement ist unverzichtbar, da sich ein Pferd möglichst immer durch Berührungen mit Nüstern und Lippen nachhaltig von der Harmlosigkeit einer Begebenheit überzeugen möchte. Loben und belohnen Sie den ersten echten *Schnupperkontakt* zwischen Pferd und »Ding« ausgiebig!

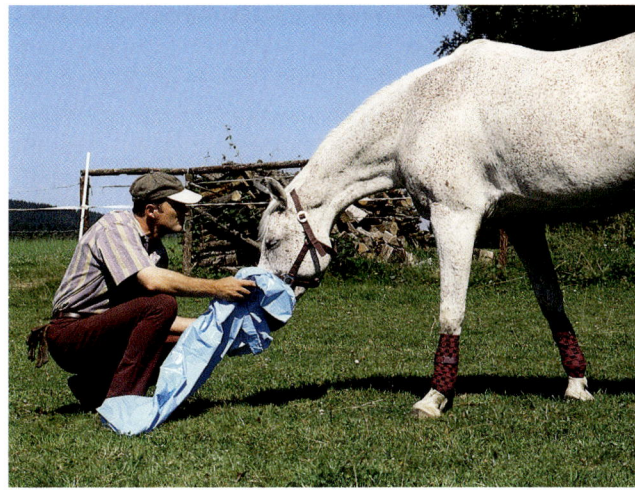

Bei neuen Gegenständen soll das Pferd kommen dürfen, nicht müssen.

- Nun soll es sich *führen* lassen. Klinken Sie den Strick ein und führen Ihr Pferd in Richtung Ausgang, während Sie den Gegenstand in einer ihm bekannten Weise mit sich bewegen. Legen Sie den Gegenstand am Ausgang ab. In den folgenden Tagen dehnen Sie die Führübungen weiter aus – der Gegenstand ist immer dabei. Führen Sie Ihr Pferd auch viele Male an dem Gegenstand vorbei.
- Je nach Eignung des Gegenstandes *berühren* Sie nun Ihr Pferd im Bereich des Halses damit. Achten Sie aufmerksam auf seine Reaktion – es sollte zu keiner Zeit Unbehagen oder Angst zeigen.
- Akzeptiert es die leichten *Berührungen,* dehnen Sie diese auf den gesamten *Körper* aus. Streichen Sie es (eventuell unter Zuhilfenahme einer Gerte oder Longierpeitsche) von Kopf bis Huf ab, schwenken Sie den Gegenstand über ihm und ziehen ihn unter seinem Bauch hindurch.

Geeignete Übungsmittel

Die »Menschenwelt« bietet ein beachtliches Spektrum an Gegenständen, die Sie nun nach und nach auf Longier- oder Reitplatz holen, um Ihr Pferd auf vertrautem Terrain an ungewöhnliche Dinge heranzuführen. Berücksichtigen Sie dabei auch Ängste, die Ihr Pferd vielleicht früher schon vor bestimmten Gegenständen aufgebaut hat. Manche Pferde reagieren bei Ausritten panisch auf Regenschirme, andere auf Mülltonnen. Alles, was Sie noch tragen und einigermaßen leicht transportieren können, lässt sich mit etwas gutem Willen als Übungsobjekt in die Reitanlage schaffen. Wieder arbeiten Sie sich vom Leichten zum Schweren vor

Übungsmittel für Reit- und Longierplatz:

- Tüten aller Art,
- an die Longierpeitsche gebundene Plastiktüten,
- Kartoffelsäcke,
- Woll-, Fell- und Kunststoffdecken,
- Regenponcho,
- Flatterband (Schnur mit Papier-, Stoff- oder Plastikstreifen),
- reißfeste Kunststoffplane (Baubedarf),
- kleine und große Bälle,
- Luftballons,
- Hula-Hoop-Reifen,
- Wäscheleine mit Wäschestücken,
- Schubkarre,
- Mülltonne,
- Kinderwagen,
- Fahrrad,
- Rasenmäher (mit ausgestelltem Motor),
- Mofa (mit ausgestelltem Motor).

und konfrontieren Ihr Pferd mit seinem ganz speziellen Schreckauslöser erst ganz am Ende dieser Trainingsphase. Erinnern Sie sich daran: Erst das Pferd in den eingefriedeten vertrauten Bereich bringen. Danach holen Sie den ungewöhnlichen Gegenstand hinzu und bewegen sich dabei so langsam, dass es sich in die äußerste Bahnecke zurückziehen kann. Bitte zu diesem Zeitpunkt noch nicht umgekehrt vorgehen, also versuchen, Ihr Pferd auf einen Platz zu bringen, auf dem der Gegenstand »drohend lauert«. Da es sich vielleicht weigern würde, den Platz zu betreten, wäre das Prinzip der Freiwilligkeit nicht mehr gegeben.

An jedem Übungsmittel können Sie Ihr Pferd riechen lassen und vorbeiführen. Manche härteren Gegenstände können unter Umständen mit den Hufen betastet werden, aber Sie können Ihr Pferd damit nicht am ganzen Körper berühren (Autoreifen ohne Felge). Kleinere hingegen (Plastikeimer) können Sie an seinem Körper entlangführen. Über große flächige und trittfeste Dinge (Planken, Abdeckplanen) können Sie es führen, unter anderen (Riesenreifen) – wenn Sie sie geschickt und sicher mit Helfern aufbauen oder hoch halten – mit ihm hindurchgehen. Da Augen und Ohren zu besonders sensiblen Kopfzone gehören, stellt es einen großen Vertrauensbeweis dar, wenn Ihr Pferd Ihnen gestattet, mit irgendetwas seine Augen zu bedecken oder einen Gegenstand ganz nah an oder über seinen Kopf zu bringen. Motorbetriebene Geräte sollten Sie allerdings in dieser Phase nur ausgeschaltet verwenden.

Übungsbeispiele

Natürlich hat jede Übung – auch wenn Sie mit Hilfe des klar vorgegebenen Ablaufmusters in überschaubare Schritte gliedern können – ihre Besonderheit. Zudem verhält sich jedes Pferd auf Grund positiver oder negativer Vorer-

Übungen mit Plastik

- Viele Pferde erschrecken sich immer wieder vor einem Raschelgeräusch, selbst wenn sie zwischenzeitlich gelernt haben, sich mit einer Tüte am Putzplatz berühren zu lassen. Führen Sie daher eine Zeitlang am Handgelenk immer eine Plastiktüte mit sich, wenn Sie in Stall und Hof mit Ihrem Pferd beschäftigt sind. Darin transportieren Sie Bandagen, Handschuhe, Lappen und Leckerchen.
- Lassen Sie die Tüte auch am Handgelenk baumeln, wenn Sie Ihrem Pferd das Halfter anziehen.

- Nach einer Weile benutzen Sie an Stelle der Tüte einen Plastiksack, danach einen großen Regenponcho.
  Dieses Vorgehen mag für Sie zwar unbequem sein, aber für Ihr Pferd wird das Knistergeräusch bald zur Selbstverständlichkeit.
- Am nachhaltigsten wirkt die Übung, wenn Sie Sack oder Poncho (sobald das Pferd beim Herumführen keine Angst mehr zeigt) am Longiergurt befestigen und Ihr Pferd so longieren.

fahrungen unterschiedlich. Daher hier einige Tipps und Kniffe, falls Sie befürchten, dass eine Übung nicht so klappen könnte, wie Sie sich das vorstellen.

Das Prinzip der Freiwilligkeit erfordert Geduld, ist aber ein wichtiger Schlüssel zu dauerhaftem Vertrauen.

So selbstverständlich der Regenschirm zu unserem Alltag gehört, so ungewöhnlich wirkt er aus dem Blickwinkel des Pferdes.

Übungen mit Regenschirm

- Die Angst vor Regenschirmen ist zum einen auf die veränderte Silhouette zurückzuführen, die das aufgespannte Schirmdach dem Schirmträger verleiht. Auch ein vom Sturm umgeschlagener Schirm wirkt gespenstisch und »knattert« zudem im Wind.
- Nachdem Pferde nicht besonders scharf sehen, gleichzeitig ihnen aber keine Bewegung entgeht, löst die blitzschnelle Formänderung beim Aufspannen Fluchtbereitschaft aus. Bei Automatikschirmen wird dieser Prozess zusätzlich von einem Schnappgeräusch begleitet.
- Oft wird die Schirmphobie von einem gedankenlosen Spaziergänger hervorgerufen, der direkt neben dem Reiter den Schirm aufschnappen lässt und eine harmlose Situation in Sekundenbruchteilen in eine – aus der Sicht des Pferdes – gefährliche verwandelt.
- Bei Schirmübungen brauchen Sie Geduld, denn Ihr Pferd muss viele Male den Vorgang des langsamen Öffnens und Schließens beobachten und den Schirm an, neben und über Ihnen in verschiedenen Positionen sehen. Auch der akustische und optische Reiz des Aufschnappens bedarf zahlreicher Wiederholungen, bis das Pferd auf die spontane Veränderung nicht mehr reagiert.
- Wiederholen Sie diese Übung auch später häufig, damit nicht nach einem trockenen Sommer alles wieder »vergessen« ist!

Bodenplanen und -platten

Um schnell fliehen zu können, braucht der Einhufer Pferd einen tragfähigen, festen Boden. Dieses instinktive Wissen und die Furcht, in ein bodenloses Loch zu treten, lässt Ihr Pferd vor ungewöhnlichem Geläuf, vor trüben Gewässern, Pfützen oder Hindernissen zurückscheuen: Wer stürzt oder in Morast gerät, hat sein Leben in der Wildnis oft verspielt.

Die meisten Böden bergen allerdings nur dann ein Sturzrisiko, wenn das Pferd ängstlich darüberhastet. Zum Gelassenheitstraining muss daher auch der Abbau von »Bodenscheue« gehören. Dazu lehren Sie Ihr Pferd auf einem vertrauten Platz mit viel Geduld, Planen und Bretterböden zu überqueren.

So üben Sie richtig:

- Verwenden Sie reißfesten Planenstoff und/oder eine starke Holzbodenplatte, damit Ihr Pferd den Untergrund nicht mit seinen Hufen zerstört, hängen bleibt und in Panik gerät. Eine solche Erfahrung wirft Sie viele Trainingsschritte zurück.
- Legen Sie die Plane auf dem Boden aus und fixieren Sie den Rand mit schweren Rundhölzern, um ein Wegrutschen zu verhindern.
- Eine Bodenplatte legen Sie direkt auf dem Untergrund aus, später können Sie sie auch auf Reifen postieren oder eine Brücke oder Wippe bauen, um Ihr Pferd auf Stege und Rampen vorzubereiten.
- Gehen Sie viele Male um das Bodenhindernis herum und überqueren es selbst mit deutlichen Trittgeräuschen.

Das Einfassen der Plane mit Stangen dient der Sicherheit und schafft eine für das Pferd gut erkennbare »Straße«.

- Führen Sie Ihr Pferd an einem langen Seil mehrmals um das Bodenhindernis herum und verringern den Abstand allmählich.
- Animieren Sie Ihr Pferd, das Hindernis zu betrachten und zu beschnuppern, indem Sie etwas Futter auf der Oberfläche auslegen.
- Folgt es Ihnen zwanglos bis zum Eingang des Hindernisses, lassen Sie es dort stillstehen und überqueren selbst das Hindernis.
- Motivieren Sie Ihr Pferd, einen Schritt auf das Hindernis zu tun. Loben Sie es ausgiebig. Probieren Sie *nicht*, es gleich komplett hinüber zu führen. Beenden Sie die Übung an diesem Punkt.
- Wiederholen Sie diese Schritte an den nächsten Tagen. Ihr Ziel: das Pferd anzuregen, einige weitere *bewusste* Schritte vorwärts zu tun und dann möglichst stehen zu bleiben. Es soll deutlich das veränderte

Gut, wichtig und richtig: Das Bodenhindernis wird vor dem Betreten untersucht.

hitze oder bei starkem Regen Plätze im Schutz von Bäumen beliebt, müssen aber vorher sorgsam ausgekundschaftet werden, um sicherzugehen, dass sich kein Raubtier im Geäst verbirgt. Durch die Anordnung seiner Augen kann das Pferd weniger leicht nach oben schauen als wir. In engen, überdachten und schlecht einsehbaren Passagen fühlt es sich unbehaglich und erwartet instinktiv einen Angriff von oben.

In unserer Welt allerdings muss es sich häufig unter niedrigen Decken und zwischen engen Begrenzungen bewegen, dabei kann ein plötzliches Zurückweichen und ein Hochreißen des Kopfes sowohl den Reiter als auch das Pferd selbst in Gefahr bringen. Übungen, die diese Situationen simulieren, sind daher besonders wichtig. Sie bereiten Ihr Tier damit unter anderem auch auf das Betreten des Pferdeanhängers vor. Allerdings brauchen Sie für das Training einen oder besser zwei Helfer.

So üben Sie richtig:
- Bereiten Sie Ihr Pferd auf Berührungen und Bewegungen an und über seinem Kopf und seinem Rücken intensiv vor. Sie können zum Beispiel sich und Ihr Pferd unter einer sehr großen Plane, die Sie vorher über seinem Rücken ausgebreitet haben, »unterstellen« und die Plane dabei zunächst behutsam, später etwas intensiver auf und ab schwenken.
- Bauen Sie auf dem Boden eine »Straße« aus Cavaletti, Rundhölzern oder Kanistern. Bedecken Sie Ihr Pferd mit einer kleineren Plane (die nicht auf den Boden streifen darf) und führen es hindurch.

Bodengefühl wahrnehmen und spüren, dass das – was Sie ihm vorschlagen – keine Gefahr darstellt.
- Wenn Sie diese Geduld aufbringen, wird Ihr Pferd nach einigen Tagen sowohl selbstständig als auch am Führstrick hinter oder neben Ihnen absolut ruhig das Hindernis überqueren.

Unter einem Hindernis hindurchgehen

Anders als Höhlen bewohnende Tiere bevorzugt das Pferd als Steppenbewohner den freien Himmel über sich. Zwar sind in der Sommer-

- Danach nehmen Ihre beiden Helfer rechts und links die »Rückenplane« leicht auf und schwenken Sie zunächst über dem Rücken, bei den nächsten Durchgängen auch über Rücken und Kopf des Pferdes, während Sie es durch die Straße führen.
- Nun stellen sich die Helfer mit der zu einem Dach hochgehobenen Plane rechts und links an der Straßenbegrenzung auf, sodass Ihr Pferd nun unter dem Dach hindurchgehen muss.
- Wiederholen Sie dies viele Male, bis diese Übung »sitzt«.
- Im Laufe des weiteren Trainings wandeln Sie die Lektion auf fantasievolle Weise immer wieder ab: Benutzen Sie Decken oder Flatterbänder als Dach und verlängern Sie die abgedeckte Fläche allmählich.
- Bauen Sie neue Straßen aus Tonnen, Kisten oder Strohballen.
- Bedecken Sie den Boden mit einer Holzplane oder einer Planke.
- Ihr Ziel: Wie immer die überdachte Engstelle aussieht – Ihr Pferd soll sie an Ihrer Hand oder Ihnen frei folgend ganz ohne Angst passieren.

Neue Bereiche erschließen

Dass viele Pferde sich langweilen, ist eine Tatsache, die wir nicht leugnen können. Das Gelassenheitstraining eröffnet neue Wege, Ihrem Pferd auch frische Eindrücke zu verschaffen. Hat es die Basics verinnerlicht und gelernt, außergewöhnliche Dinge auf vertrautem Boden zu akzeptieren, betreten Sie nach und nach die Bereiche Ihrer Reitanlage, in denen Sie sich früher nur selten bewegten. Zusätzlicher Nutzen: Die Spaziergänge bereiten den Bewegungsapparat Ihres Pferdes nach der Stall- oder Paddockruhe schonend für das nachfolgende Training vor.

- Führen Sie Ihr Pferd über den ganzen Hof, auch in »stille Ecken«. Was Ihnen langweilig erscheint, ist für Ihr Pferd möglicherweise ein interessantes Erlebnis.
- Spazieren Sie entlang der anderen Paddocks. Sicht- und Schnupperkontakt zu Artgenossen ist immer spannend!
- Falls Ihr Betrieb unterschiedliche Reitbahnen bietet, die Sie regelmäßig nutzen, führen Sie Ihr Pferd hier vom Boden aus.
- Inspizieren Sie die Wirtschaftsbereiche und Lager für Heu, Stroh und Siloballen.
- Erkunden Sie neue Wege zu den Weiden.
- Führen Sie Ihr Pferd während ruhiger Tageszeiten auch zu den Parkplätzen für PKW's, Transporter und Landmaschinen.

Engstellen, die das Pferd passieren muss, trainieren vor allem das Einsteigen in den Pferdetransporter.

»Grundlos« umkehren

Anders als auf dem eingefriedeten Reitplatz können Sie in jedermann zugänglichen Bereichen nicht jede Situation voraussehen. Machen Sie es sich daher zur Gewohnheit, selbst wenn keine Störfaktoren vorliegen, Ihr Pferd immer wieder stillstehen zu lassen und *grundlos umzukehren.* Wiederholen Sie später diese Übung auch in Gelände und Straßenverkehr. So lernt es, das Umkehren nicht mit einem Angstauslöser in Verbindung zu bringen. Praktizieren Sie es auch beim Reiten, möglichst in Verbindung mit dem Absitzen. Kehren Sie nämlich nur um, wenn Gefahr im Anzug ist, verstärken Sie den Fluchtmechanismus statt ihn abzubauen!

Kontakt mit Angstauslösern

Das wichtigste Ziel besteht jetzt darin, Ihr Pferd in ungewohnter Umgebung zu desensibilisieren:

Nehmen Sie Dinge, die es vom Training kennt, mit auf Ihre Spaziergänge: Plastiktüte, Rappelsack, Regenschirm. Tragen Sie den fraglichen Gegenstand in der Hand oder binden Sie ihn am Pferd fest.

Lassen Sie es an einem längeren Führstrick in der fremden Umgebung stillstehen und wiederholen hier die Berührungsübungen.

Bitten Sie einen Helfer, einige bekannte Übungsmittel herzubringen, während Sie

Je umsichtiger ein Pferd (hier ein Fohlen) an Kraftfahrzeuge gewöhnt wird, desto weniger ängstlich wird es auch im Straßenverkehr reagieren.

beim Pferd bleiben. Geben Sie Ihrem Pferd Gelegenheit, die bekannten Dinge wiederzuerkennen.

Bauen Sie möglichst auch Ihre »Planenstraße« auf. Haben Sie Geduld, wenn Ihr Pferd mehrere Übungseinheiten benötigt, bis es sie in dieser fremden Umgebung akzeptiert. Loben Sie jeden Erfolg!

Nehmen Sie kleine, sich anbietende Gegenstände aus dem direkten Umfeld hinzu, die sie betrachten und beriechen lassen (Holzscheite vom Brennholzstapel).

Neuen Situationen meistern

Durch Ihr bisheriges Training haben Sie die Reizschwelle Ihres Pferdes erheblich angehoben. Bislang war diese Arbeit jedoch eine »Dressur«. Ihr Pferd soll jedoch lernen, dass jedes Ding und jede Situation in Ihrer Gegenwart keine Gefahr bedeutet. Dass es dennoch bei dem einen oder anderen erschrickt, ist ein natürliches Verhalten, das seinem Wesen als Fluchttier entspricht. Gelassenheitsübungen können dieses Erschrecken niemals ganz verhindern, aber die nachfolgende Reaktion (Angst, Scheuen, Durchgehen) entschärfen. Das trainierte, vertrauensvolle Pferd beruhigt

Wichtige Vorsichtsregeln:

- Positionieren Sie sich so, dass Ihr Pferd fremde Dinge oder Situationen (der Müllcontainer wird entleert) sehen und beobachten kann. Lassen Sie den Strick lang und fordern es auf stillzustehen, bis die Körperspannung nachlässt.
- Umgehen Sie eine unerwartete Situation in einem Abstand, bei dem Ihr Pferd zwar aufmerksam schaut, aber entspannt bleibt.
- Ist dies nicht möglich (ein LKW rollt heran), versuchen Sie, dem Verursacher (LKW-Fahrer) Ihre Bitte um Rücksicht deutlich zu signalisieren.

- Positionieren Sie sich zwischen Angstauslöser und Pferd. Damit unterstreichen Sie Ihre Beschützerrolle.
- Ob Sie ruhig weitergehen und Ihr Pferd anweisen, Ihnen (an dem Angstauslöser vorbei) zu folgen oder ob Sie stehen bleiben und es stillstehen lassen, bis die Situation sich entschärft, ist von Pferd zu Pferd verschieden.
- Wählen Sie die Variante, bei denen Ihr Pferd am wenigsten Anspannung zeigt. Atmen Sie selbst gleichmäßig und langsam.

sich schnell wieder und bleibt kontrollierbar – ein Vorteil, den Sie auch beim Reiten sehr begrüßen werden.

Was tun, wenn …
Seien Sie nicht enttäuscht, wenn Ihr Pferd gelegentlich mehr erschrickt als Sie erwarten. Es ist kein Roboter. Sollte es sich losreißen, rennen Sie nicht hektisch hinter ihm her. Vermutlich wird es in einen Bereich flüchten, in dem es sich sicher fühlt. Können Sie es festhalten, zwingen Sie sich zur Ruhe und bewahren Sie »Ihr Gesicht«. Kontrollieren Sie Ihre Stimme, schimpfen oder bestrafen Sie es nicht. Führen Sie es *nicht* sofort in seinen Stall zurück, sondern machen Sie einige leichte Führübungen und lassen es eine Weile stillstehen. Dies beruhigt nicht nur, sondern erinnert es auch an Ihre ranghöhere Rolle.

Bei Schreckreaktionen entschärft souveränes Verhalten die Situation.

Training im Gelände

Außerhalb der Reitanlage wartet die »große weite Welt«. Als eine Welt auch voller Gefahren erscheint sie zumindest den Pferden, die überwiegend in einer Reitbahn bewegt und selten ausgeritten werden. Kein Wunder, dass ein solches Tier im Gelände von Wahrnehmungsreizen geradezu überschwemmt wird.
Die Basic-Übungen und die Arbeit mit Angstauslösern in der Reitanlage bereiten Ihr Pferd zwar grundlegend auf mögliche riskante Situationen unterwegs vor, ersetzen aber niemals die praktische Arbeit im Gelände mit ihrer Vielfalt von Eindrücken – auch nicht beim Gelassenheitstraining. Ihr Pferd soll ja lernen, in *jeder* Umgebung gelassen und kontrollierbar zu bleiben und sich an Ihnen zu orientieren.

Ziele der Geländearbeit
Sie machen Ihr Pferd zunächst mit dem direkten, dann dem näheren und danach dem weiteren Umfeld Ihrer Reitanlage vertraut.
Sie trainieren die Basic-Übungen auf unterschiedlichen Böden (und erhöhen seine Trittsicherheit).

> **Ein kleiner Hinweis:**
> Mit dem Begriff Gelände bezeichnen wir in diesem Buch alle Bereiche unter freiem Himmel außerhalb Ihrer Stallanlage und Ihrer gewohnten Reitplätze. Dazu können auch zum Hof gehörende Wiesen zählen, auf denen kleine Geschicklichkeitsaufgaben aufgebaut oder eine Hindernisstrecke angelegt wurde.

Sie bringen vertraute Übungsmittel ins Gelände, um die Gedankenbrücke zwischen neuem Umfeld und bekannter Situation zu schaffen.
Sie beziehen zunächst einfache, später schwierigere Geländesituationen ins Training ein. Auf diese Weise verankern Sie in Ihrem Pferd die Erkenntnis, dass ihm in keiner Situation etwas Böses passiert.

Grundübung
Die folgende Grundübung sieht so leicht aus, dass Sie ihre Wirksamkeit möglicherweise unterschätzen. Sie sollten Sie aber unbedingt in Ihr Basis-Repertoire aufnehmen, da Sie sich zu (fast) jeder Tages- und Jahreszeit (außer bei gefährlichem Glatteis) und – richtig ausgerüstet – beinah unabhängig von der Witterung üben lässt. Diese Lektion stärkt den Gehorsam und lässt sich mit allen Basics kombinieren. Wenn Sie sie zu allen Tages- und Jahreszeiten durchführen, werden Sie dabei immer neue Erlebnisse haben. So erziehen Sie Ihr Pferd auf eine wenig Zeit aufwändige und sichere Weise (immer in Nähe des Reitbetriebes) zu erstaun-

So ist's richtig: Kleine Abhänge geradeaus und im zügigen Schritt bewältigen.

Rauf aufs Plateau … eine Übung, die auch an der Hand einiges Geschick erfordert.

licher Flexibilität und verschaffen ihm außerdem Abwechslung in frischer Luft.

• Verlassen Sie einmal täglich (oder wenigstens alle zwei bis drei Tage) mit Ihrem Pferd an der Hand die Reitanlage. Benutzen Sie immer wieder einen anderen Ausgang.

• Führen Sie es 50 bis 100 Meter weit – heute in die eine, morgen in die nächste Richtung – und führen es wieder zurück.

• Wiederholen Sie die Übung *sofort* einmal.

• Wandeln Sie die Übung ab, indem Sie die Reitanlage verlassen, wie oben 50 bis 100 Meter gehen, zurückkehren, aber nun an der Reitanlage vorbei einen anderen Weg entlanggehen und dann erst endgültig zurückkehren.

Vom Leichten zum Schweren

Vor allem, wenn Sie als ängstlicher Mensch die Geländeübungen mit dem Pferd an der Hand mit Skepsis betrachten, ist ein Trainingsaufbau nach dem Motto »Vom Leichten zum Schweren« unbedingt auch in Ihrem Sinne. Die obige Grundübung bildet die ideale Grundlage, um sich von hofnahen Bereichen allmählich weiter ins Gelände vorzuarbeiten. Statt von der Reitanlage (A) einen weite Strecke über B zum Ziel C zurückzulegen und dann von dort wieder heimkehren zu müssen, können Sie auch einen Rundkurs um A wählen oder ein paarmal die Strecke A – B – A absolvieren. Angenehm und weitgehend ungefährlich sind auch Spaziergänge und Übungen auf zeitweise nicht besetzten, hofeigenen Weiden. Erkunden Sie neue Trainingsstrecken vorher allein. Wie und von wem ein Weg frequentiert wird und wann kritische Situationen entstehen können, hängt meist von Tageszeit und Wochentag ab.

Sicherheitsregeln:

- Erkunden Sie die jeweilige Strecke vorher ohne Pferd.
- Wählen Sie anfangs eine »ungefährliche« Tageszeit.
- Beurteilen Sie Ihre und Ihres Pferdes Tagesform (manche Pferde reagieren an stürmischen Tagen schreckhafter; Sie selbst fühlen sich mit einer Grippe im Bauch weniger durchsetzungsfähig).
- Verzichten Sie auf kein Teil der notwendigen Ausrüstung (feste Schuhe, Handschuhe, Gerte, stabiles Halfter, starker Strick, Gamaschen).
- Stecken Sie Leckerlis ein, um Ihr Pferd belohnen zu können.

- Organisieren Sie bei Bedarf einen Helfer, der – ebenso korrekt ausgerüstet mit Schuhwerk, Handschuhen, Strick (oder Longe) und Gerte – Sie und Ihr Pferd begleitet.

Im Gelände werden Sie immer wieder in Situationen geraten, die Sie verunsichern. Trainieren Sie mental alle möglichen Begebenheiten, spielen Sie die verschiedensten Szenarien in Gedanken durch. So schaffen Sie Verhaltenmuster, auf die Sie in Konfliktsituationen automatisch zurückgreifen können, sodass Sie nicht »irgendwie«, sondern gelassen und souverän agieren.

Übungen für mehr Trittsicherheit

Stolpern und Ausgleiten bergen immer eine Sturzgefahr – gleichgültig, ob Sie im Sattel sitzen oder nicht. Ihr Pferd muss also lernen, zugleich auf den Boden und Ihre Anweisungen zu achten. Ohne Reiter fällt ihm das anfangs leichter, sodass Gelassenheitsübungen auch ein Weg zu mehr Trittsicherheit sind. Übungen auf schwierigem Geläuf führen Sie wie einfache Basics aus, kombinieren sie aber nicht mit Angstauslösern, um Ihr Pferd nicht zu überfordern.

Folgende Bodenarten und Wegequalitäten bieten sich an:
- Naturgrundwege (Pfützen durchqueren, nicht umgehen),
- Wiesen- und Feldwege (tiefen Furchen soll und darf Ihr Pferd ausweichen),
- Waldwege (auf Wurzeln und Äste achten),

- Steigungen bergauf (hier ist Ihre Kondition gefordert),
- Hänge bergab (gerade hinunter, um Ausrutschen zu vermeiden!). Zügig seitlich versetzt etwas vor dem Pferd gehen, damit es nicht von sich aus überholt oder in Sie hineinrutschen kann),
- flache Furten in breiten Bächen (Pferd heranführen, im Wasser plätschern, saufen lassen, ruhig hindurchführen – nicht hindurcheilen lassen! Bei ängstlichen Pferden routinierten Artgenossen vorausgehen lassen.),
- schmale, tiefe Gräben zwischen Wiese und Weg (Pferd an langem Seil heranführen, Graben zeigen, zusammen mit Pferd überspringen – Helfer treibt notfalls von hinten nach.).

Neues Gelände – vertraute Übungsmittel
Auch wenn die nächsten Übungen organisiert und vorbereitet werden müssen, sollten Sie

Erinnern Sie sich…

…an Ihr Übungsschema:
Führen – Berühren – an Gegenständen vorbeigehen – sie überqueren – unter ihnen hindurchgehen

nicht auf sie verzichten. Alle stärken die Nervenkraft Ihres Pferdes, viele zugleich sein Körpergefühl und seine Konzentrationsfähigkeit. Im Idealfall richten Sie in Hofnähe auf einer Wiese einen dauerhaften Geschicklichkeitsparcours ein, sodass der Transport der Übungsmittel entfällt.

Folgende Übungen bieten sich an:
- Führübungen mit Automatik-Regenschirm,
- Führ- und Berührungsübungen mit Plastiktüten (leicht in einem Beutel mitzuführen),

Fördert die Flexibilität: das vertraute Hindernis auf der fremden Wiese.

- Führübungen mit Bällen (im Tragenetz zu transportieren),
- Führübungen entlang von Flatterbändern (leicht mitzunehmen, um sie beispielsweise zwischen Bäumen im Wald zu spannen),
- Führübungen über Planenstraße, Bodenplanken, Rundhölzer (Hilfsmittel müssen vorher herangeschafft werden).

Ge- und Verbote

Wo Sie sich mit Ihrem Pferd außerhalb der Reitanlage bewegen dürfen, hängt von den örtlichen Gegebenheiten ab. Halten Sie sich konsequent an die gesetzlichen Vorschriften. Üben Sie nicht auf brach liegenden Feldern oder Wiesen, deren Eigentümer Sie nicht kennen oder nicht vorher um Erlaubnis gebeten haben. Für das Betreten des Waldes gilt das Reitrecht des jeweiligen Bundeslandes. Verlassen Sie niemals den ausgewiesenen Reitweg. Achten Sie auch auf frei begehbaren Wegen darauf, weder Einfriedungen noch Flora oder Fauna zu beschädigen oder zu zerstören. Meiden Sie Wald, Waldrand und Ansitze in der Morgen- und Abenddämmerung.

Training im Straßenverkehr

Die »Traumreitbetriebe«, deren Tore sich direkt in herrliches Ausreitgelände öffnen, können wahrscheinlich auch Sie an einer Hand abzählen. In den meisten Fällen müssen Sie mindestens eine Straße überqueren, um in die freie Landschaft zu gelangen. Bei längeren Gelände- oder Wanderritten kommen Sie nicht umhin, zeitweise auf Straßen zu reiten oder stark frequentierte Kreuzungen zu passie-

Gut, wenn Ihr Pferd ein Straßenprofi ist. Wenn nicht, hilft das Vorbild des routinierten Artgenossen.

ren. Das bedeutet Begegnungen mit Verkehrsteilnehmern aller Art. Angesichts der erschwerten Bedingungen – Kraftfahrzeuge aller Art, kaum Ausweichmöglichkeiten, harter und oft glatter Asphaltboden, Gedankenlosigkeit und sogar Rücksichtslosigkeit der Verkehrsteilnehmer – ist ein solides Straßenverkehrstraining unverzichtbar.

Die Straße ist sicherlich ein höchst ungeeignetes Umfeld für ein Fluchttier wie das Pferd, mit dem es sich allerdings auseinandersetzen muss. Denn nur ein Pferd, das die Straße und ihre Schreckauslöser kennt und in einem Extremfall nicht in Panik gerät, hat hier eine Chance zu überleben. Dehnen Sie Ihr Gelassenheitstraining daher unbedingt auch auf die Straße aus und machen Sie es mit den dortigen Gegebenheiten vertraut.

Gefährliche Angstauslöser

Unsere heutigen Verkehrswege sind stark befahren. Nicht nur auf frequentierten Landstraßen, auch im Ortsbereich treffen Sie auf unterschiedlichste motorisierte Verkehrsteilnehmer. Hin und wieder müssen wir auch Eisenbahnübergänge passieren. Besonders gefährdet sind Bereiche ohne jegliche Ausweichmöglichkeiten wie Brücken oder Unterführungen.

Doch auch in weniger befahrenen Ortsteilen ist die Gefahr, dass sich Ihr Pferd erschrickt, groß. Oft sind es – aus unserer Sicht – nichtige

Auslöser wie ein gelber Briefkasten oder die Bushaltestelle, ein heranrollender Ball oder ein hochschnappender Rolladen.

Scheureaktionen, Angst, gar Panik (Durchgehen) oder Widersetzlichkeit (Steigen) sind zum einen für Pferd und Reiter wegen der Sturzgefahr auf dem glatten Asphalt besonders gefährlich. Zum anderen werden auf der Straße fast immer auch Unbeteiligte in Mitleidenschaft gezogen oder Sachschäden verursacht. Bei extremen Witterungsbedingungen (Schnee auf Asphalt, überfrierende Nässe) oder auf abschüssigen Straßen besteht sogar ohne Schreckmomente Sturzgefahr, wenn das Pferd

Regeln im Straßenverkehr

Für Reiter gelten laut Straßenverkehrsordnung die Vorschriften für den Fahrverkehr. Wir müssen rechts auf der Fahrbahn reiten – in kleinen Gruppen einzeln hintereinander, in größeren zu zweit nebeneinander. Bis zu acht Reiter bilden einen Verband, der höchstens 25 Meter lang sein darf. Große Gruppen teilen sich in zwei oder mehr Verbände auf. Diese Regeln lassen sich auch auf das Führen von Pferden vom Boden aus übertragen. Auch als Führperson müssen Sie sich mit Ihrem Pferd am äußersten rechten Rand der Fahrbahn bewegen, Sie selbst gehen auf der dem Verkehr zugewandten Seite. Verständigen sie sich mit eindeutigen Handzeichen mit den anderen Verkehrsteilnehmern, beispielsweise um einen Richtungswechsel anzukündigen. Bei schlechten Lichtverhältnissen ist das Tragen von Blinklampen und reflektierenden Bändern oder Katzenaugen vorgeschrieben.

Ein Extratipp:

Weidegang verbinden wir mit vielen Vorteilen – einer davon ist die frische Luft, die unser Pferd dabei einatmet. Dennoch sollten Sie für Ihr Pferd zwischendurch auch einen kurzzeitigen Aufenthalt auf einer Weide an einer befahrenen Straße in Betracht ziehen. Oder es in einem Paddock unterbringen, von dem aus es alle Fahrzeuge – auch die Landmaschinen – sieht und hört, die auf den Hof fahren. In der Herde, umgeben von gelassenen Verkehrsroutiniers, lernt Ihr Pferd schnell, dass ihm auch jetzt keine Gefahr droht. Voraussetzung ist natürlich eine absolut sichere Einfriedung mit einer zusätzlichen Sicherheitsschleuse am Weidetor, die verhindert, dass andere Herdenmitglieder beim Herausholen eines Pferdes nachdrängen.

sich ungeschickt, unachtsam oder zu hastig bewegt.

Um Ihr Pferd auf all diese Gefahrenmomente vorzubereiten, bedarf es eines langen und sehr geduldigen Trainings. Für viele Übungen sollten Sie unbedingt einen Helfer hinzuziehen oder sich einem routinierten Pferd-Reiter-Team anschließen. Lassen Sie sich trotzdem nicht entmutigen und praktizieren Sie wieder die Politik der kleinen (Übungs)Schritte.

Situationen nachstellen

Bei Ihren Rundgängen zu den Parkplätzen Ihrer Reitanlage haben Sie Ihr Pferd bereits an PKW's und vielleicht sogar Landmaschinen gewöhnt, zusätzlich können Sie bestimmte Situationen nachstellen, die Ihnen unweigerlich auf der Straße begegnen werden:

- Führen oder reiten Sie Ihr Pferd auf einer eingefriedeten Bahn, während ein Helfer hier lautstark mit Mülltonnen hantiert.
- Lassen Sie ihn mit Gartengeräten arbeiten und den Motor an- und abstellen – auch in direkter Nähe Ihres Pferdes.
- Reiten oder führen Sie Ihr Pferd vor, neben und hinter einer Gruppe von Radfahrern (aus Sicherheitsgründen hinter einer Absperrung aus Breitband).
- Bitten Sie PKW- und Motorradfahrer, in Reitbahnnähe »herumzukurven«, zu hupen und auch einmal mit quietschenden Bremsen anzuhalten.
- Lassen Sie Bälle von außerhalb der Bahn vor die Beine Ihres Pferdes rollen.

Ausflüge ins Dorf

Befindet sich Ihr Reitstall am Rande oder innerhalb eines Dorfes, machen Sie hier regelmäßig nach Ihrer Arbeit mit dem Pferd einen kleinen Spaziergang – zunächst auf ruhigen, später auf dichter befahrenen Straßen. Bleiben Sie häufig stehen, begrüßen Sie Bekannte (die Ihrem Pferd einen Leckerwürfel zustecken dürfen) und lassen Ihr Pferd alles Ungewöhnliche so lange anschauen, bis es dessen Harmlosigkeit zu erkennen. Auf diese Weise verbindet es die Ausflüge mit positiven Erfahrungen.

Die wichtigsten Übungen:

- Üben Sie das Anhalten und Stillstehen, ohne dass eine kritische Situation besteht.
- Lassen sie Ihr Pferd grundsätzlich an jedem Straßenübergang, jeder Ecke und jeder Kreuzung anhalten und stillstehen. Das muss zu einem Reflex werden, den Sie dann auch in einer Gefahrensekunde sicher abrufen können.
- Kehren Sie auch auf der Straße häufig grundlos um.

Arbeit mit Helfern

Die Anwesenheit eines Helfers kann Ihnen vor allem auf der Straße ein größeres Gefühl der Sicherheit vermitteln. Sie ermöglicht aber auch zusätzliche Übungen. Leider ist es nicht immer leicht, einen Freund mit Zeit zum Mitkommen zu finden. Vielleicht können Sie eine/n größere/n pferdeerfahrene/n Schüler/in durch ein Taschengeld motivieren!

So üben Sie richtig:

- Ist Ihr Pferd unruhig und drängt vorwärts, führt Ihr Helfer es von der anderen Seite an einem zweiten Strick. Halten Sie von beiden Seiten die Gerte vor Pferdekopf und -brust.
- Nutzen Sie den Nachfolge- und Nachahmungstrieb und lassen einen Helfer mit einem verkehrserfahrenen Pferd vorangehen.
- Falls Ihr Pferd die Doppellongenarbeit kennt, fahren Sie es vom Boden aus durch den Ort. Ihr Helfer geht neben Ihnen und hält eine zusätzliche Longe, die zur Sicherheit in Trensenring und Reithalfter geklinkt wird.
- Reiten Sie Ihr Pferd durch den Ort und lassen Sie einen Helfer mit dem Führstrick in der Hand zur Sicherheit mitgehen.
- Satteln Sie Ihr Pferd und führen und reiten Sie beide es abwechselnd durch den Ort.
- Schließen Sie sich einer ruhigen Reitergruppe an und gehen mit Ihrem Pferd zu Fuß mit. Positionieren Sie sich in der Mitte der Gruppe zwischen routinierten Reitern. Die gelassene Stimmung der gut trainierten Gruppe vermittelt Ihrem Pferd das Gefühl der Geborgenheit.

Desensibilisierungsübungen mit Helfer

- Lassen Sie Ihr Pferd am Straßenrand stillstehen und streichen es mit der Rascheltüte ab, während Ihr Helfer das Pferd festhält.

- Lassen Sie Ihren Helfer mit einem Fahrrad, Kinderwagen, Roller, usw. immer wieder an Ihnen vorbeifahren.
- Lassen Sie Ihren Helfer Bälle vor den Füßen Ihres Pferdes herrollen und wieder aufsammeln.
- Lassen Sie Ihren Helfer auf einer sehr ruhigen Straße die gewohnte »Planenstraße« auslegen.
- Bitten Sie Ihren Helfer, sich mit Ihnen allmählich an schwierigere Verkehrssituationen heranzuwagen, die Sie zunächst weitläufig umgehen, ehe Sie sich ihnen behutsam annähern.

Lernen in der Gruppe

Zusammen mit Gleichgesinnten macht vieles mehr Freude – auch das Lernen. Ob beim Schulunterricht oder in der Reitstunde: Im Team fällt das Üben leichter. Für Ihr Pferd gilt das Gleiche. Als Herdentier ist es auf das Zusammensein mit Artgenossen »programmiert«, der angeborene Nachfolge- und Nachahmungstrieb regt es an, sich an erfahrenen Artgenossen zu orientieren, sie schulen seine Entscheidungsfähigkeit.

Daher dürfen Sie diese Instinkte auch für Ihr Training nutzen. Von vornherein und ausschließlich in der Gruppe zu üben birgt allerdings die Gefahr, dass Ihr Pferd seine Aufmerksamkeit mehr der Gruppe als Ihnen zuwendet und seine Neigung zum Kleben fördert oder verstärkt. Das kann dazu führen, dass es Ihre Leitpferdrolle nicht anerkennt und erschwert die Zusammenarbeit, wenn Sie allein trainieren.

Deshalb: Sehen Sie von Gruppenübungen ab, wenn Sie nicht bereits Ihre ranghöhere Position aufgebaut und gefestigt haben. Wenn Sie damit beginnen, soll Ihnen Ihr Pferd – überall und egal, in welcher Begleitung – Respekt, Vertrauen und Gehorsam entgegenbringen.

Im Team lassen sich Kinder und Jugendliche leicht zu Bodenübungen motivieren.

Auch im Beisein eines Artgenossen muss Ihr Pferd lernen, sich nur auf Sie zu konzentrieren.

Gruppenübungen in der Reitanlage

Bei den Basic-Übungen haben Sie Ihrem Pferd das Stillstehen beigebracht und seine Führeigenschaften verbessert. Es lernte, seine Aufmerksamkeit ausschließlich auf Sie zu richten – ein anstrengender Vorgang! Gruppenübungen in einer Reitbahn helfen, seine Konzentrationsfähigkeit weiter zu verbessern, denn naturgemäß neigt es mehr dazu, seinen Artgenossen Beachtung zu schenken. Daher sind solche Übungen eine gute Messlatte, um seinen Gehorsam zu überprüfen.

Übungstipps:

• Arbeiten Sie mit einem Sicherheitsabstand von zirka 3 Metern hintereinander »Ganze Bahn«. Quer über den Hufschlag haben Sie ein Rundholz gelegt.

• Halten Sie Ihr Pferd genau vor dem Cavaletti an und lassen es stillstehen, während Ihr Vordermann sein Pferd weiter auf dem Hufschlag führt.

• Fordern Sie Ihr Pferd zum Antreten auf, lassen es aber nur mit den Vorderhufen über

die Stange treten und sogleich wieder stillstehen. Nach 15 Sekunden lassen Sie es weitergehen.

• Arbeiten Sie zu zweit oder zu dritt nebeneinander. Während Ihre Mitstreiter ihre Pferde zum Antreten und Vorwärtsgehen auffordern, lassen Sie Ihr Pferd stillstehen und richten es vier Tritte rückwärts. Noch einmal Stillstehen und dann Antreten lassen. Folgen Sie den anderen, ohne zu eilen.

• Wandeln Sie die Übung ab, indem Sie Ihr Pferd stillstehen lassen und dann wenden und in die entgegengesetzte Richtung führen, während die anderen auf dem Hufschlag weiter arbeiten.

• Arbeiten Sie hintereinander im Schritt. Der jeweils letzte überholt seine Vordermänner mit dem Pferd an der Hand im Trab und übernimmt die Spitze. Die anderen Pferde dürfen an der Hand ihrer Führpersonen nicht unruhig werden, sondern müssen weiter ohne Tempoveränderung Schritt gehen.

• Wandeln Sie diese Übung ab, indem die Führperson an der Spitze ihr Pferd an der Hand antraben lässt, während die nachfolgenden Pferde im Schritt bleiben. Die beiden letzten Übungen durchbrechen den Nachfolgetrieb.

Gemeinsame Desensibilisierung

Fingerspitzengefühl bedürfen gemeinsame Übungen mit Scheuauslösern, da kein Pferd bei einer solchen Übung Angst empfinden soll. Arbeiten Sie ausschließlich mit zwei Pferden, die sich von der Weide her kennen und ihren Rang nicht mehr ausdiskutieren müssen. Die Übung eignet sich besonders für

Pferde, die sich nicht trauen, sich den Angstauslösern zu nähern.

- Beide Führpersonen bringen ihre Pferde auf einen großen Reitplatz und lassen sie dort frei laufen.
- Einer holt einen Scheuauslöser und hantiert damit herum, ohne die Pferde zu beachten. Die andere Führperson beobachtet die Reaktion insbesondere Ihres Pferdes.
- Versuchen Sie, die Neugier eines der Pferde zu wecken und es zu motivieren, das »Ding« näher in Augenschein zu nehmen oder ihm, wenn Sie es durch die Bahn schleifen, zu folgen. Dies weckt in vielen Fällen den Nachfolge- und Nachahmungstrieb des ängstlicheren Pferdes und regt es an, es seinem selbstsicheren Kameraden nachzutun.

Sicherheitsregeln:

- Alle Pferde sollten ein solides Führtraining besitzen und an der Hand nicht zu Widersetzlichkeit neigen.
- Knoten Sie jedem Pferd einen Ersatzstrick um den Hals.
- Achten Sie darauf, dass jede Führperson rutschfeste Schuhe, Handschuhe und eine Gerte trägt.
- Führen Sie mindestens ein Handy mit, um im Notfall Hilfe rufen zu können.
- Hinterlassen Sie eine Nachricht im Stall, wohin Sie gehen und wie lange Sie fortbleiben wollen.

Gruppenübungen im Gelände

Es gibt wenige Reiter, die gern allein mit ihrem Pferd ins Gelände gehen… schon gar nicht zu Fuß. Für Ihr Gelassenheitstraining allerdings

sind Einzelübungen im Gelände unverzichtbar. Nur so lernt Ihr Pferd, Ihrer Führung wirklich zu vertrauen – eine wichtige Voraussetzung, die Ihnen später beim Ausritt die Kontrolle über Ihr Pferd verleiht, die riskante Situationen entschärft. Falls Sie ungern allein die Reitanlage verlassen, kann Ihre unterschwellige Angst Ihr Pferd so verunsichern, dass es Ihre Rolle als Leitpferd nicht mehr anerkennt. Diese Unsicherheit nimmt Ihnen bereits die Anwesenheit eines routinierten Helfers (ohne Pferd). Das Gruppentraining ermöglicht es unsicheren Pferden, sich an routinierten Artgenossen zu orientieren, zum anderen festigt es den Gehorsam.

Vom Leichten zum Schweren:
- Am Anfang steht bei Ihren gemeinsamen Spaziergänge nur das korrekte Führen und

Prima Abwechslung: Auch in Ausritte lassen sich kleine Führübungen einbauen!

> Alle unten genannten Übungen sind schwierig und stellen den Gehorsam auf eine harte Probe. Sie erfordern Rücksichtnahme von jedem Teilnehmer. Um keine Widersetzlichkeiten herauszufordern, steigern Sie den Schwierigkeitsgrad nur allmählich und tadeln Ihr Pferd nicht, wenn es zu seinen Artgenossen drängt. Wiederholen Sie stattdessen die Basics!

zeitweise Stillstehen im Vordergrund. Schon das kann eine Herausforderung sein, weil manche Pferde ständig grasen wollen, was Sie ihnen aber auf keinen Fall erlauben sollten.

- Gehen Sie hintereinander. Der erste lässt sein Pferd antraben, löst sich von der Gruppe, trabt in Gegenrichtung vorbei und schließt sich hinten an.
- Führen Sie Ihre Pferde einzeln im Schritt und später im Trab mit einem Sicherheitsabstand von mindestens 2 Metern in Gegenrichtung aneinander vorbei.
- Lassen Sie Ihr Pferd anhalten und stillstehen, während alle anderen weitergehen. Diese Übung ist im Gelände schwierig, weil das Pferd draußen immer Anschluss an die Herde sucht. Daher steigern Sie die Entfernung vorsichtig.
- Gemeinsam führen Sie Ihre Pferde durchs Gelände, zwei (später auch nur einer) scheren aus und führen ihre Pferde wieder zum Stall zurück.
- Die Gruppe führt die Pferde im Schritt, einer lässt sein Pferd anhalten und stillstehen. Zunächst in Sichtweite, später außer Sichtweite der Gruppe lässt er es wieder antreten und führt es im ruhigen Schritt hinterher.

Gruppenübungen auf der Straße

Die Straße ist das gefährlichste Übungsterrain. Da schon ein einziges panisches Pferd eine Kette schlimmster Unfälle auslösen kann: Um wieviel mehr kann passieren, wenn gleich mehrere Tiere »kopflos« werden!? Doch auch unsere Pferde sind Kinder der Neuzeit und viele – vor allem Wanderpferde – lassen sich vom wildesten Verkehrsgetümmel nicht aus der Ruhe bringen. Ein solcher Routinier ist daher der beste Lehrmeister, falls Sie zwar für einfache Übungen auf der Dorfstraße genügend Mut aufbringen, nicht jedoch, um auf einer stärker befahrenen Straße zu trainieren.

So üben Sie richtig:
- Üben Sie ausschließlich im Schritt das ruhige Führen und Stillstehen, vor allem vor der Überquerung von Kreuzungen.
- Überholen Sie gelegentlich das routinierte Pferd und lassen Ihr Pferd in ungefährlichen Situationen an der Spitze gehen.
- Vergrößern Sie von Zeit zu Zeit die Abstände zwischen den Pferden, jedoch niemals so weit, dass Ihr Pferd unruhig wird.
- Üben sie an Ampelübergängen zunächst nur

> - Beachten Sie die Sicherheitsregeln für die Gruppenübungen im Gelände.
> - Bitten Sie weitere Helfer ohne Pferde, Sie zu begleiten. Sie können notfalls einen Unfallort sichern.
> - Führen Sie Notizblock und Stift mit sich. Leider verhalten sich einige Verkehrsteilnehmer bewusst rücksichtslos. Notieren Sie das Kennzeichen und erstatten Sie Anzeige. Sie haben Zeugen.

das Anhalten und Stillstehen, ohne die Fahrbahn zu überqueren.

- Führen Sie danach die Pferde mehrere Male von einer zur anderen Straßenseite. Lassen Sie sie zwischenzeitlich mindestens eine Rotlichtphase lang stillstehen. So erfährt Ihr Pferd, dass die vorbeifahrenden Verkehrsmittel ihm nichts Böses antun.
- Nähern Sie sich außergewöhnlichen Begebenheiten (Müllabfuhr usw.) nur so weit, wie Ihr Pferd es ohne Anspannung gestattet. Lassen Sie den Routinier nur so weit vorausgehen, dass er Ihr Pferd zum Nachfolgen animiert, nicht jedoch Verlassensangst auslöst.
- Wiederholen Sie alle Übungen und lassen Ihr Pferd nun die Tête übernehmen.

Und noch etwas…
Nicht jede Vorgeschichte lässt sich rekonstruieren. Es gibt hervorragende Pferde, die wunderbar mit ihren Reitern harmonieren… und dennoch die Furcht vor einer bestimmten Situation, zum Beispiel im Straßenverkehr, niemals verlieren. Immer neue Übungen werden diese Phobie nicht ausräumen, vielmehr ist es Ihre Aufgabe herauszufinden, wie Sie diese Situation umgehen oder entschärfen, um keinen Unfall zu provozieren. Mehr geht manchmal einfach nicht! Das müssen Sie akzeptieren.

Die Angst vor hin- und herfliegenden Bällen lässt sich auch vom Sattel aus abbauen.

Die Gelassenheitsprüfung

Einfach cool bleiben

Sich friedlich miteinander zu messen, ohne den Leistungsdruck des »Höher, weiter, schneller«, wie er sonst typisch für Wettkämpfe ist – das zeichnet die neue Gelassenheitsprüfung aus. Keine Rekorde können hier aufgestellt werden, gefragt ist vielmehr die Fähigkeit zur Zusammenarbeit zwischen Mensch und Pferd. Im Blickpunkt steht letztendlich die Fähigkeit des Menschen, ein gutes und verlässliches Leittier zu sein und dem Pferd ein artgemäßes Leben in einer der Gattung *Equus* eigentlich so fremden Umgebung zu schaffen. Die Gelassenheitsprüfung soll Pferdefreunde motivieren, ihr Pferd auch an der Hand zu einem gelassenen und zuverlässigen Partner zu erziehen. Das Pferd soll jedem Pferdesportler im täglichen Umgang und beim Reiten ein sicheres Gefühl geben.

Da das Pferd bei der Prüfung nur geführt wird, spielt es keine Rolle, ob es geritten ist, welche Reitweise sein Halter bevorzugt oder in welcher Disziplin er es einsetzt. Vielmehr sollen Pferdesportler aller Richtungen angesprochen werden, die erkennen, dass der richtige Umgang mit dem Pferd auch dem Tierschutz dient. Durch die Beschäftigung mit dem Pferd bei bekannten, aber unvorhersehbaren alltäglichen Geschehnissen soll der Pferdesportler lernen, sein Tier besser einzuschätzen, entsprechend zu reagieren und dadurch Unfälle zu vermeiden. Die GHP macht die Gelassenheit des Pferdes nachvollziehbar und vergleichbar.

Zeigen, was man kann, und neue Anregungen heimnehmen – das ist der Sinn von Wettbewerben.

Haben Sie nun nicht Lust, die Gelassenheit auch Ihres Pferdes einmal überprüfen zu lassen? Die Übungen, die Sie auf den vorherigen Seiten kennen gelernt und vielleicht bereits durchgeführt haben, haben Sie und Ihr Pferd hervorragend auf einen solchen Wettbewerb vorbereitet! In diesem Kapitel finden Sie nun zusätzliche Tipps, wie Sie für jede einzelne Prüfungsaufgabe gezielt trainieren können und was Sie noch beachten müssen, wenn Sie an einem Wettkampf teilnehmen möchten.

Voraussetzungen für die Prüfungsteilnahme

Mehr als Talent im Umgang mit Pferden brauchen sie nicht. Egal, ob Reiter oder Nicht-Reiter, Pferdeeigentümer oder »nur« Hobby-Pfleger, Youngster oder Pensionär – Mitma-

Teilnahmevoraussetzungen auf einen Blick:

Pferde:
- alle Rassen,
- Alter ab 3 Jahre,
- Equidenpass,
- Influenza-Impfung,
- Tierhalter-Haftpflichtversicherung,
- Ausrüstung bestehend aus Halfter und Führstrick oder Trensenzäumung, Beinschutz erlaubt.

Teilnehmer:
- keine Altersbegrenzung,
- körperliche und geistige Mindestreife,
- Ausrüstung bestehend aus festen Schuhen, Handschuhe, auf Wunsch Schutzhelm.

In diesem Buch haben Sie eine Führmethode kennen gelernt, bei der Sie sowohl in Schulterhöhe als auch vor dem Pferd gehen dürfen. Das Gehen vor dem Pferd entspricht dem Leitpferdeverhalten.

Bei einer klaren Körpersprache ist die Gefahr, dass Ihr Pferd Ihnen »ins Genick« springt, sehr gering, da es auch in der Wildnis niemals ins Leitpferd »hinein« springen würde. Um als Teilnehmer einer GHP jedoch nicht benachteiligt zu sein, üben Sie bitte vor der Prüfung gezielt noch einmal das Führen in Schulterhöhe in den unterschiedlichsten Situationen. Eine Gerte ist auf der GHP nicht erlaubt. Daher trainieren Sie bitte frühzeitig, Ihren Arm und ihre ausgestreckte Hand als Gertenersatz zu benutzen, damit Ihr Pferd auf dieses optische Signal genau so sensibel reagiert wie auf die Gerte.

chen darf jeder, der sein Pferd an der Hand beherrscht und die körperliche und geistige Mindestreife besitzt. Sollte sich während der Prüfung herausstellen, dass die Führperson nicht ausreichend auf das Pferd einwirken kann, darf der Richter den Pferdeführer und sein Pferd aus Sicherheitsgründen ausschließen.

Zwischen Pferden und Ponys wird nicht unterschieden – zugelassen sind dreijährige und ältere Pferde aller Rassen, auch alle Spezialgänge wie Walk, Tölt und Pass sind erlaubt. Voraussetzung ist ein guter Gesundheitszustand. Das Pferd muss einen Equidenpass be-

Eine gute Note wird in den GHP-Pass eingetragen … und ist natürlich Anlass zur Freude!

sitzen und gegen Influenza geimpft sein. Auch ein ausreichender Versicherungsschutz (Tierhalter-Haftpflichtversicherung) muss bestehen, damit eventuelle Sach- und Personenschäden Dritter, die durch das Pferd verursacht werden, abgedeckt sind.

Als Ausrüstung sind für die Führperson festes Schuhwerk und Handschuhe vorgeschrieben. Empfohlen wird das Tragen eines bruch- und splittersicheren Reithelms mit Drei- bzw. Vierpunktbefestigung. Für das Pferd ist nur Trensenzäumung oder Halfter und Führstrick zugelassen. Beide Zäumungsarten müssen den Grundsätzen der Unfallverhütung und des Tierschutzes entsprechen, das heißt, sie müssen dem Pferd passen, dürfen keine Schmerzen verursachen und aus reiß- und bruchfesten Materialien hergestellt sein. Stellt der Richter Mängel fest, darf er das beanstandete Teil von der Prüfung ausschließen. Zum

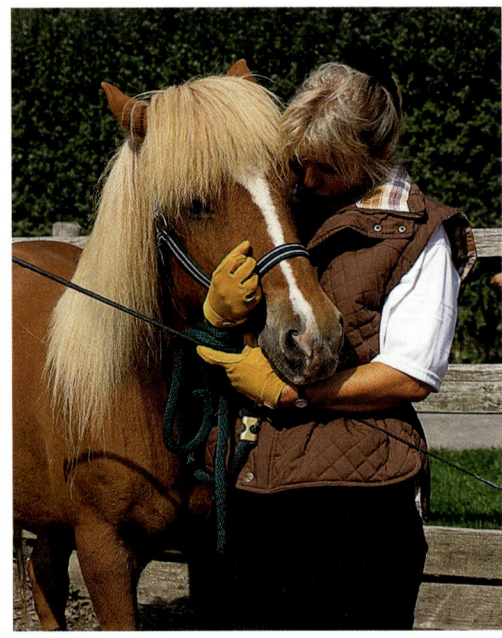

In die bei der Bewertung vergebene Note fließen Leistung und Gesamteindruck zu gleichen Anteilen ein.

Schutz der Pferdebeine sind Bandagen, Gamaschen und Springglocken erlaubt.

Regelwerk

Für jede Prüfung gibt es Richtlinien und Vorschriften. Sie stellen sicher, dass für alle Teilnehmer die Bedingungen gleich sind, denn nur dann kann ein echter *Vergleich* der Leistung erfolgen. Auch für die GHP wurde ein genaues Regelwerk – also eine Wettbewerbsbeschreibung – erarbeitet.

Für den Prüfungsablauf gibt es ebenfalls eine exakte Vorschrift:
- Der Pferdeführer geht auf der *linken* Pferdeseite in Schulterhöhe des Pferdes und soll nicht vor ihm gehen. Er führt mit der rechten Hand. Die Aufgaben sind aus Sicherheitsgründen im Uhrzeigersinn so aufgebaut, dass sich die Führperson immer zwischen Pferd und »Hindernis« befindet. Erschrickt das Pferd also, kann es weg vom Pferdeführer ausweichen und bedrängt ihn nicht. Dieser trägt keine Gerte, sondern soll Wendungen mit der linken Hand in Augenhöhe des Pferdes einleiten und unterstützen.
- Für jede Aufgabe sind drei Versuche erlaubt. Nach zwei nicht absolvierten Aufgaben erfolgt der Ausschluss.
- Die erste Aufgabe – das Vortraben an der Hand – dient zugleich der Überprüfung des äußerlichen Zustandes des Pferdes und der Einwirkung der Führperson aufs Pferd. Ein lahmendes Pferd oder ein Tier in schlechter

gesundheitlicher Verfassung wird von der Prüfung ausgeschlossen, ebenso ein Pferdeführer, der sein Pferd offensichtlich nicht ausreichend kontrollieren kann.

Bewertung
Das Pferd soll dem Pferdeführer ruhig, gehorsam und willig folgen. Stoisches Verhalten ist jedoch unerwünscht, vielmehr soll es seine Bereitschaft zum Mitarbeiten demonstrieren und darf seine Aufmerksamkeit auch durch das natürliche Ohrenspiel anzeigen. Auch ein kurzes Stocken ist gestattet. Im Anschluss daran sollte es jedoch die Aufgabe ruhig, gehorsam und willig ausführen.

Richtverfahren
Als Richter fungiert eine pferdeerfahrene qualifizierte Person, wünschenswert sind zwei Personen (siehe auch Seite 88). Die Gesamtleistung von Pferd und Führperson wird mit einer Wertnote zwischen 1 (sehr gut) und 6 (ungenügend) beziffert. Noten von 3 aufwärts (also bis Note 1) werden in einem GHP-Pass eingetragen.

Gezieltes Training

Durch Ihr bisheriges Gelassenheitstraining haben Sie – für sich und Ihr Pferd – die bestmögliche Grundlage für die Teilnahme an der GHP erarbeitet und können dem Wettbewerb selbst recht »gelassen« entgegensehen. Üben Sie nun gezielt für die Wettkampfaufgaben, indem Sie sich eine nach der anderen durchlesen und überlegen, wie Sie in Ihrer Reitanlage möglichst ähnliche Voraussetzungen für Ihr Spezialtraining schaffen können. Am besten kopieren Sie sich die auf der nächsten Seite abgedruckte Checkliste zehn Mal (für jede Prüfungsaufgabe einmal) und komplettieren die Leerstellen. Vielleicht möchten Sie das folgende Beispiel als Denkansatz verwenden.

Ein wichtiger Tipp:

Übertreiben Sie es mit dem Spezial-Training nicht, um Ihr Pferd nicht missmutig zu machen. Üben an drei Tagen pro Woche – wieder nach dem bewährten Motto »kurz und knackig« – ist ausreichend. Erlauben Sie ihm, als Pferd unter Pferden zu leben. Verhalten Sie sich ihm gegenüber liebevoll-konsequent und fair. Sie wollen es ja nicht wie ein Zirkuspferd »dressieren«, sondern seine innere Ruhe und Zufriedenheit stärken. Und dies gelingt nur über ein ausgewogenes Beschäftigungsprogramm ohne einseitige Anforderungen.

Geforderte Aufgabe:
Rappelsack
Was brauche ich?
1 Sack (oben zugebunden und mit einem langen Strick zum Ziehen versehen), gefüllt mit leeren Konservendosen (Deckel herauslösen!)
Wo übe ich?
Auf dem eingefriedeten Longierzirkel.
Wann übe ich am besten?
Montags abends, da dann kein Reitunterricht ist. Alternativ Sonntag Vormittag, weil dann die meisten ausreiten.
Besondere Anforderungen an den Trainingsort?
Nein.
Brauche ich einen Helfer?
Anfangs nein (ich mache das Pferd mit dem Rappelsack vertraut), später ja (um die Prüfungsbedingungen nachzustellen).
Wer kommt als Helfer in Frage?
Meine Freundin Gudrun.

Wie baue ich das Training auf?
1. Dosen sammeln und in Sack füllen.
2. Gràni an den Sack gewöhnen (Anschauen, hören und beriechen lassen, Folgeübungen, Berühren in allen Variationen, Gràni führen und den Sack hinterherziehen).
3. Gudrun bitten, den Sack neben uns herzuziehen.
4. Mit Gràni, Gudrun und Sack an verschiedenen Plätzen der Reitanlage trainieren.
5. Gudrun bitten, im Gelände mit dem Sack aufzutauchen und dort üben.
Mögliche Schwierigkeiten:
Gràni wird vermutlich ruhig bleiben, aber andere Pferde könnten erschrecken. Daher üben, wenn niemand auf dem Reitplatz arbeitet. Übungsstunde ankündigen.
Extratipps:
Zweiten Sack vorbereiten, der anders aussieht, um Gràni nicht ausschließlich auf diesen bestimmten Sack zu fixieren.

Checkliste für das Spezialtraining

Geforderte Aufgabe:

_____

Was brauche ich?

_____

_____

Wo übe ich?

_____

Besondere Anforderungen an den Trainingsort?

_____

Brauche ich einen Helfer?

_____

Wer kommt als Helfer in Frage?

_____

Wie baue ich das Training auf?

_____

_____

_____

Mögliche Schwierigkeiten:

_____

_____

Extratipps:

_____

Prüfungsaufgaben

Ganz bewusst wurden für die GHP Aufgaben ausgewählt, die Situationen und Begebenheiten nachahmen, mit denen Sie und Ihr Pferd jeden Tag in der Reitanlage oder draußen in Gelände und Straßenverkehr konfrontiert werden können. Diese Aufgaben werden beispielsweise erfahrenen Gelände- und Wanderreitern oder auch Westernreiten, die sich auf die Disziplin Trail spezialisiert haben, recht einfach vorkommen. Wer sich häufig mit seinem Pferd in unbekannter Umgebung bewegt, muss erheblich kniffeligere Situationen bewältigen und weiß hinterher wahrscheinlich stolz zu berichten, wie souverän sein Pferd steile Treppenaufstiege, lange dunkle Tunnel oder schwankende Hängebrücken gemeistert hat. Doch solche außergewöhnlichen Herausforderungen kann man selten vorher trainieren – sie tauchen unerwartet auf der Strecke auf.

Die vergleichsweise einfachen Aufgaben der GHP jedoch können in einer Weise geübt werden, dass das Pferd den »Angstauslöser« bereits kennt und in seiner heimischen Umgebung als harmlos zu bewerten gelernt hat. Ein gut trainiertes Pferd kann dann die »Gedankenbrücke« herstellen, die notwendig ist, die Gefahrlosigkeit der Aufgabe auch in der neuen Umgebung und unter veränderten Bedingungen zu erkennen. Die wichtigste Voraussetzung jedoch ist das grundlegende Vertrauen zum Leittier Mensch.

Prüfungsort

- fest eingezäunter Außenplatz oder Reithalle,
- Mindestabmessungen 20 x 40 Meter,
- eingezäunter Vorbereitungsplatz (Außenplatz) oder weitere Halle, von dem aus der Prüfungsort nicht eingesehen werden kann.

Die 10 Aufgaben der GHP:

- Vortraben an der Hand
- Aufsteigende Luftballons hinter der Hecke
- Anrollende Bälle aus einer Heckenlücke
- Stangenkreuzen
- Flatterband-/Müllpassage
- Rückwärtsrichten
- Regenschirm
- Plane
- Rappelsack
- Stillstehen

1. Vortraben an der Hand

Bei der ersten Aufgabe präsentieren Sie Ihr Pferd den Richtern und stellen es mit Namen, Alter und Rasse vor. Sie führen es 10 Meter im Schritt bis zur 1. Markierung und lassen es dann antraben. Vor der 2. Markierung parieren Sie es kurz zum Schritt durch, führen es durch die Wendung und lassen es dann wieder bis vor die Richter traben.

Tipps für Training und Wettkampf:
- Joggen Sie daheim häufig mit Ihrem Pferd, damit es sich einen gleichmäßigen, aber nicht trödelnden Jogtrab am durchhängenden Führstrick angewöhnt, den Sie jederzeit abrufen können.
- Achten Sie darauf, dass das Pferd auch im Jogtempo gut abfußt und nicht »schlurft«.

*Hängt der Führzügel locker durch und passt
das Gangmaß, wirkt das Vortraben natürlich,
schwungvoll und dennoch gelassen.*

- Trainieren Sie diesen elastischen ruhigen Trab auch an der Longe.
- Üben Sie die Gangartenänderung auf ein leises Wortsignal hin (»Teerabb! Scheeritt!«). Beim Durchparieren vom Trab zum Schritt sollte Ihr Pferd nicht irrtümlich anhalten. Das Antraben sollte sofort und nicht zögerlich erfolgen.
- Nehmen Sie ins Gelände die Gerte mit, aber üben Sie auf dem Reitplatz ohne Gerte, um den Prüfungsanforderungen zu entsprechen. Lehren Sie Ihr Pferd, auf die erhobene Hand genau so zu reagieren wie auf die erhobene Gerte.
- Stimmen Sie Ihr Gangmaß aufeinander ab.
- Trainieren Sie Ihr Pferd, dass es auf ein ganz leises melodisches Flöten das Tempo reduziert und auf einen helleren Pfiff das Tempo verstärkt. Dann brauchen Sie keine Hilfen über Strick oder Zügel zu geben.

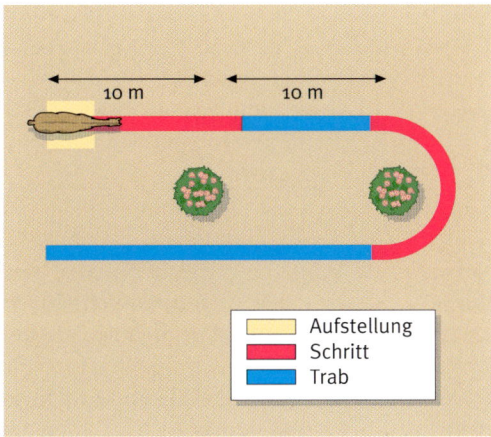

- Achten Sie darauf, dass es während der Wendung von sich aus Abstand zu Ihnen hält und nicht zu spät abwendet, sodass Sie gegen seine Schulter geraten.
- Probieren Sie das Vorstellen des Pferdes »trocken« (also ohne Pferd) daheim vor dem Spiegel. Das verleiht Ihnen sehr viel Selbstsicherheit! Lächeln Sie bei der Präsentation, sprechen Sie klar und deutlich.

2. Aufsteigende Luftballons hinter der Hecke

Bei dieser Aufgabe soll Ihr Pferd Ruhe bewahren, auch wenn unverhofft dicht vor ihm eine Luftballon-Traube emporsteigt. So etwas kann jederzeit passieren, wenn Sie im Dorf an spielenden Kindern vorbeireiten. Statt der mit Decken behängten Hindernisständer (siehe

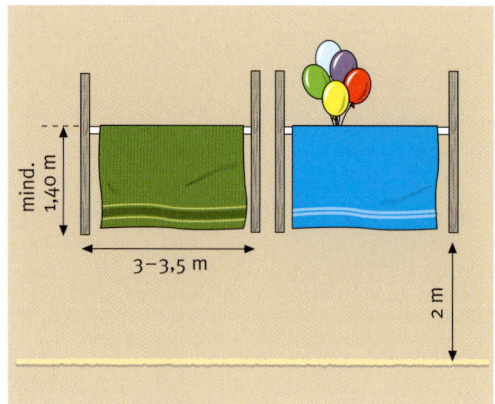

- Es reicht also für dieses Prüfungsaufgabe nicht aus, das Pferd an auf dem Boden liegende oder »hüpfende« Ballons zu gewöhnen (was meist recht schnell gelingt). Wichtiger ist in diesem Fall, es von der Harmlosigkeit von Auf-und-Ab-Bewegungen ganz allgemein zu überzeugen.
- Machen Sie Berührungsübungen wie auf Seite 38 beschrieben.
- Rennen Sie, während Ihr Pferd in der Mitte der Bahn steht, selbst mit auf und ab schwingender Longierpeitsche »mit Anhang« um den Hufschlag, auch wenn Ihnen diese Übung sehr albern vorkommen mag (rechnen Sie mit entsprechenden Kommentaren Ihrer Zuschauer…).
- Spielen Sie Ball im Beisein Ihres Pferdes, erst für sich allein und dann mit einem Helfer, indem Sie sich die Bälle zuwerfen. Bei nervenstarken Pferden funktioniert die Übung auch vom Sattel aus!
- Bitten Sie einen Helfer, hinter möglichst vielen verschiedenen »Verstecken« mit Luftballons oder hochgehobenen Tüten plötzlich »aufzutauchen«. Die Reaktion Ihres Pferdes sollte sich bei fortschreitender Übung bald auf ein kurzes unmerkliches Zucken (das ist normal und auch wünschenswert) reduzieren, auch bei Übungen im Gelände und im Straßenverkehr.

Grafik) kann die »Hecke« auch aus Strohballen aufgebaut werden. Hinter ihr versteckt sich ein Helfer mit einer Traube Luftballons. Ist Ihr Pferd in Höhe des zweiten Hindernisständers, hebt der Helfer seinen Arm mit der Ballontraube so hoch, dass die Ballons etwa einen halben Meter über der Hecke schweben.

Tipps für Training und Wettkampf:
- Der mögliche Angstauslöser sind im allgemeinen nicht die Ballons selbst, sondern eher ihr plötzliches Auftauchen.

3. Stangenkreuzen

Diese Prüfungsaufgabe (korrekter Aufbau siehe Grafik Seite 75) sieht auf Grund der bunten Cavaletti wie eine reine »Trail-Auf-

Die bunten Ballons irritieren vor allem durch ihr plötzliches Auftauchen das Pferd.

gabe« aus; dahinter steckt aber der Gedanke, das Pferd auch auf das Überklettern von Geländehindernissen vorzubereiten. Bei längeren Touren – vor allem Wanderritten – treffen Pferd und Reiter häufig überraschend auf umgestürzte Bäume, die den Weg versperren. Sind die Äste nicht zu ausladend und sperrig, können solche Hindernisse bis in Höhe der Karpalgelenke von einem geschickten, aufmerksamen Pferd leicht überstiegen werden. Wichtig ist dabei genau die Gelassenheit, die bei der Aufgabe geprüft wird. Denn das Pferd soll nicht hinüberhasten, um das Hindernis möglichst schnell »hinter sich zu bringen«, sondern konzentriert schauen, wohin es tritt, um in den Zwischenräumen nicht zu straucheln oder gar zu stürzen.

Solch ein »Mikado« aus stabilen Rundhölzern ist eine gute Vorübung für Geländehindernisse und Prüfung.

Tipps für Training und Wettkampf:
- Das Anschauen und bewusste Erkennen der Aufgabe ist bei diesem Hindernis genau so wichtig wie das Übersteigen der Stangen in einem ruhigen Tempo ohne Eile oder Anzeichen von Angst.

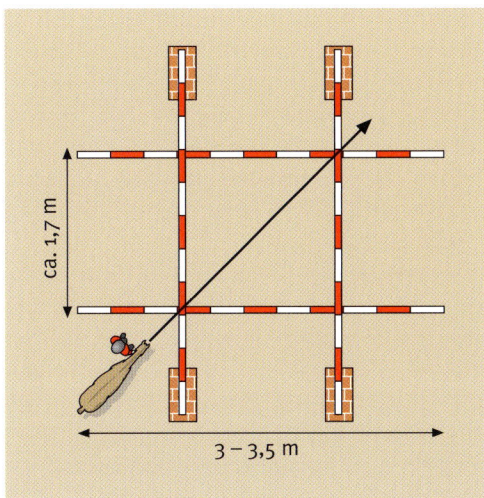

ca. 1,7 m

3 – 3,5 m

- Für den Aufbau des Trainingshindernisses können Sie auch geschälte oder ungeschälte Rundhölzer (Weidezaunpfosten) benutzen, sollten diese aber nach einiger Zeit auch einmal mit buntem Band umwickeln, falls Ihre Reitanlage nicht über farbige Cavaletti verfügt.
- Führen Sie Ihr Pferd beim Training mehrere Male um das Hindernis herum und lassen es es von allen Seiten betrachten und beriechen.
- Erleichternd können Sie anfangs auch nur zwei Stangen im rechten Winkel überkreuzt aufstellen – also ein »halbes Stangenkreuz« bauen und Ihr Pferd über die sich bildende Ecke steigen lassen.
- Bauen Sie das zweite halbe Stangenkreuz im Abstand von zirka 5 Metern auf und lassen Ihr Pferd auch hierüber klettern.
- Verkürzen Sie allmählich den Zwischenraum zwischen den zwei halben Stangenkreuzen. So gewöhnt sich Ihr Pferd absolut problemlos an dieses Hindernis.

- Und noch ein Trick, um die Ruhe zu fördern: Lassen Sie Ihr Pferd innerhalb des Stangenkreuzes stillstehen. Wenn Sie mit halben Kreuzen arbeiten, deren Abstände Sie allmählich verringern, begreift Ihr Pferd auch diese Übung sehr schnell.

4. Flatterband-/Müllpassage

Dem Ortsalltag nachempfunden und sehr sinnvoll ist diese interessante Aufgabe (genauer Aufbau siehe Grafik). Mülleimer und Müllsäcke gehören zum Bild unserer Ortschaften, ebenso Baustellen mit bunt gestreiften Absperrbändern, die im Wind flattern. Die Prüfung regt an, sich auf die Gegebenheiten der Straße einzustellen, wenn wir unser Pferd heil heimbringen und auch unseren Mitmenschen keinen Schaden zufügen wollen.

Keine Sorge: Mit dem Flattern wird aufgehört, wenn Ihr Pferd sehr ängstlich reagiert. Hat es sich beruhigt, wird das Band wieder genauso stark bewegt. Nach dem dritten Versuch wird abgebrochen.

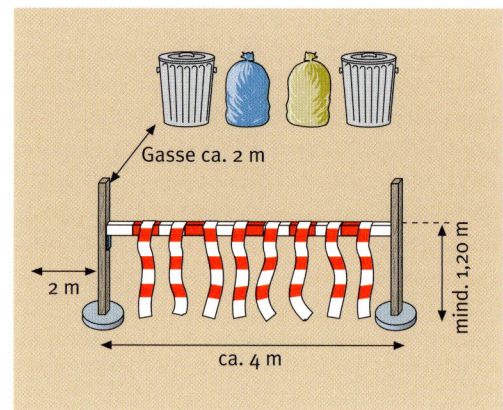

Tipps für Training und Wettkampf:

- Der Aufbau der Hindernisse ist einfach, da sich die »Zutaten« in jedem Haushalt finden lassen; nur das Absperrband kaufen Sie im Baubedarfsgeschäft. Es lässt sich an jedem Zaun, jeder Einfriedung befestigen.
- Alternativ können Sie Flatterbänder an ein langes Seil knüpfen und die Enden zwei Helfern in die Hand geben.
- Am schnellsten gewöhnen Sie Ihr Pferd an Müllsäcke, indem Sie daheim einige Säcke mit Papier füllen und überall dort mit hinnehmen, wo Sie sich mit Ihrem Pferd in der Reitanlage gerade aufhalten. Rascheln und hantieren Sie damit herum, reiben Sie Ihr Pferd damit ab, schwenken die Säcke über seinem Kopf und bitten auch einen Helfer, damit »unverhofft« aus Toren und Türen aufzutauchen.
- Mülltonnen sind meist gefüllt und daher schwieriger zu bewegen. Können Sie eine im Leerzustand auftreiben, platzieren Sie sie

Die Flatterband-Müllpassage kombiniert Bewegungsreize mit »drohenden« Silhouetten – eine Herausforderung für die Nervenstärke!

ebenfalls dort, wo Sie sich mit Ihrem Pferd gerade bewegen. Ansonsten müssen Sie Ihr Pferd dorthin führen.

● Basteln Sie sich zwei lange Flatterbänder und lehren Sie Ihr Pferd, sich damit berühren zu lassen. Schwenken Sie sie entlang seiner Flanken und auch über seinem Kopf. Um eine Gasse aus zwei Flatterband-Seilen »aufzustellen«, benötigen Sie vier Helfer.

● Errichten Sie weitere Gassen aus verschiedenen Materialien (Kanistern, Tonnen – immer plus Flatterband), um das Durchqueren von Engstellen bei gleichzeitigem Bewegungsreiz zu trainieren. Achten Sie auch hier wieder auf das ruhige Durchschreiten – Ihr Pferd soll nicht hindurchhasten! Solange es dies tut, hat es noch Angst.

Die meisten Pferde fürchten Bälle nicht, viele verhalten sich neutral – andere neugierig.

5. Anrollende Bälle aus einer Heckenlücke

Auch die Ballaufgabe ist eine Situation, der Pferd und Reiter im Ortsalltag jederzeit begegnen können. Sie ist dort besonders gefährlich, weil oftmals kleine Kinder hinter ihrem

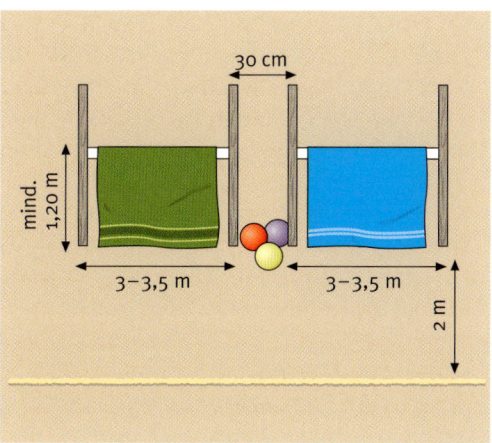

Spielzeug her stürmen und gar nicht darauf achten, ob die Straße frei ist! Für Ihr Pferd könnten sich dabei durchaus gleich zwei höchst riskante Schreckmomente ergeben! Auch bei diesem Prüfungselement ist es eher das unverhoffte Auftauchen der Bälle als diese selbst, die das Erschrecken auslösen.

Befindet sich Ihr Pferd etwa in der Mitte der ersten Hecke (siehe Grafik), rollt ein Helfer aus der Lücke zwischen den Hindernisständern drei Bälle schnell nacheinander mit so viel Schwung vor dem Pferd her, dass sie die Gasse vollständig überqueren.

Tipps für Training und Wettkampf:

● Zunächst gewöhnen Sie Ihr Pferd an herumliegende Bälle – das ist im allgemeinen leicht, wenn es gelernt hat, mit Bodenhindernissen zu arbeiten.

● Legen Sie möglichst viele Bälle auf dem Boden aus und führen Sie Ihr Pferd durch die entstehenden »Gassen«.

- Lassen Sie Ihr Pferd im Longierzirkel frei herumwandern, während Sie die Bälle in seinem Sichtkreis bewegen. Sie können sich auch mit einem Helfer die Bälle sanft zukicken.
- Der nächste Schritt besteht darin, dass ein Helfer – sichtbar fürs Pferd – die Bälle über seinen Weg (nicht zwischen die Beine) rollen lässt.
- Im darauf folgenden Übungsschritt versteckt sich der Helfer und lässt die Bälle unvermutet auftauchen – möglichst an unterschiedlichen Orten.
- Hindernisständer sind für die Übungen kaum erforderlich, dafür große Decken oder Planen, mit denen Sie – wenn erforderlich – Zäune oder sonstige Einfriedungen undurchsichtig machen.
- Suchen Sie Gelegenheiten, um noch praxisorientierter zu trainieren – vielleicht ist das auf der Straße vor dem Garten eines Bekannten, der die Bälle aus dem Strauchwerk herausrollen lässt, möglich. Treffen Sie jedoch ausreichende Sicherheitsvorkehrungen und üben Sie dort nur, wenn kein Verkehrsmittel in Sicht ist!

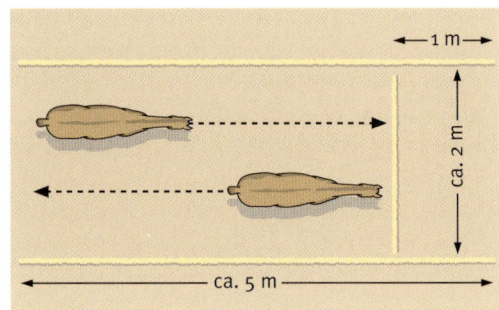

6. Rückwärtsrichten

Das Rückwärtsrichten ersetzt die in der Anfangsphase der GHP vorgeschriebene Traktoraufgabe, da viele Prüfungsteilnehmer bemängelten, sie könnten ihr Pferd nicht ausreichend auf die Begegnung mit einem Traktor vorbereiten.

Korrektes Rückwärtsrichten ist stets als ein Vertrauensbeweis in Reiter oder Führperson zu interpretieren. Selbst wenn diese Übung gelegentlich durchgeführt wird (und werden darf), um bei wiederholter Widersetzlichkeit die Frage der Rangordnung zwischen Mensch und Pferd zugunsten des Menschen zu klären, sollte es niemals in zorniger oder auch nur ungeduldiger Stimmung abgerufen oder gar mit Gewalt durchgesetzt werden. Unbeherrschtheit auf Seiten des Reiters oder Führers würde starke, selbstbewusste Pferd nur zum Steigen ermuntern und ängstliche, nervöse in ihrer Unsicherheit bestärken.

Bei der GHP besteht Ihre Aufgabe (siehe Grafik) darin, Ihr Pferd in eine etwa 2 Meter breite und 5 Meter lange, mit Sägespänen markierte Gasse zu führen und anzuhalten, sobald seine

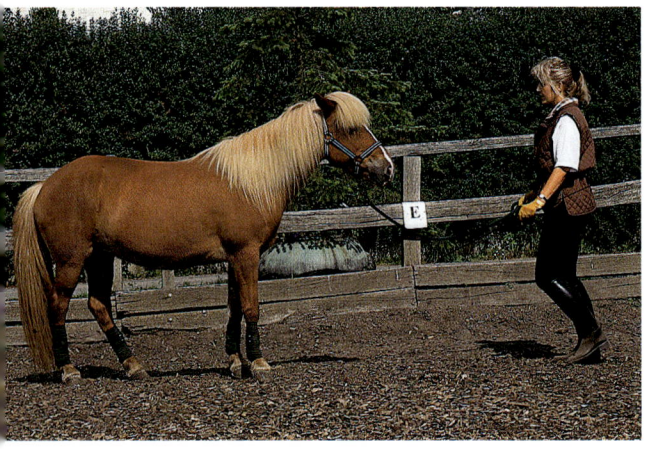

Beim korrekten Rückwärtsrichten beweist das Pferd absolutes Vertrauen in die Führperson.

Vorderbeine über einer weiteren, quer verlaufenden Markierung stehen. Dann richten Sie es in der Gasse bis zum Gassenende rückwärts, ohne dass es dabei über die Markierungen treten darf. Sie dürfen entweder vor oder neben Ihrem Pferd gehen.

Tipps für Training und Wettkampf:
- Frischen Sie noch einmal die im Kapitel »Das richtige Führen« (Seite 34 ff.) erlernten Führfähigkeiten auf.
- Am leichtesten kann Ihr Pferd Sie verstehen, wenn Sie bei der Übung vor ihm stehen und ihm Gesicht und Körper zuwenden, denn bei dieser Konstellation würde es auch einem sich nähernden ranghöheren Pferd ausweichen.
- Die Kunst besteht darin, das Pferd nicht zum Abwenden (sprich zum seitlichen Ausbrechen, um Ihnen als Leitpferd sozusagen den Weg frei zu machen) zu veranlassen, sondern es statt geradeaus vorwärts nun geradeaus rückwärts treten zu lassen. Dies setzt Vertrauen (und nicht Angst) voraus, denn das Pferd kann nicht sehen, wohin es tritt, und verlässt sich darauf, dass Sie es nicht »ins Verderben« schicken.
- Ziel Ihrer Übungen ist daher ein langsames, schrittweises Rückwärtstreten und nicht ein hastiges Ausweichen nach hinten. Wenn Sie frontal vor Ihrem Pferd stehen und es ruhig Tritt für Tritt zurückweicht, können Sie die Geradeausbewegung kontrollieren, indem Sie – wenn erforderlich – durch Ihre eigene Körperhaltung kleine korrigierende Impulse geben, sobald seine Beine etwas seitlich ausweichen.
- Um gezielt zu üben, bauen Sie Gassen aus Cavaletti, Eimern oder Kanistern oder zeichnen diese mit Steinchen oder Sägemehl auf den Boden.

7. Regenschirm

In unseren Breiten haben wir uns an Schlechtwetterperioden gewöhnt und könnten uns ein Leben ohne Regenschirm kaum vorstellen. Zwar setzen die meisten Reiter am Pferd einen Hut auf und verzichten auf den Schirm als Schutz gegen die Wassermassen, aber beim Verlassen der Reitanlage begegnen wir beschirmten Fußgängern regelmäßig. Die Prüfungsaufgabe (siehe Grafik) verdeutlicht, wie wichtig es schon aus Sicherheitsgründen ist, das Pferd mit den modernen Automatikschirmen vertraut zu machen.

Tipps für Training und Wettkampf:
- Gehen Sie vor wie schon weiter vorn bei den Übungen für Fortgeschrittene beschrieben (siehe Seite 48).
- Beschaffen Sie mehrere Schirme und führen Sie Ihr Pferd an den aufgespannt am Boden liegenden Schirmen solange vorbei, bis es keine Reaktion mehr zeigt.
- Immer noch ohne Helfer gewöhnen Sie Ihr (frei im eingefriedeten Zirkel) laufendes Pferd an die Bewegung des sich öffnenden Schirms, den Sie mit nach oben gerichteter Spitze in der Hand halten.

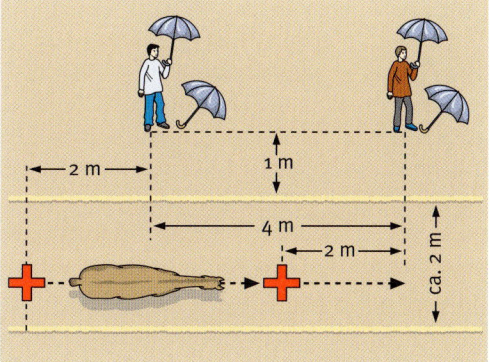

Aufschnappende und auf dem Boden aufgespannt liegende Automatik-Regenschirme sind bei der Schirm-Aufgabe zu bewältigen.

- Bitten Sie einen Helfer hinzu, der den Schirm langsam öffnet, und führen Sie Ihr Pferd in allmählich kürzerem Abstand am Helfer und an den auf dem Boden liegenden Schirmen vorbei.
- Klappt dies, machen Sie selbst Ihr Pferd behutsam mit dem Schnappgeräusch beim Öffnen vertraut. Erlauben Sie Ihrem Pferd, Abstand zu halten und schnappen Sie so lange, bis es keine Reaktion mehr zeigt.
- Führen Sie Ihr Pferd am *langen* Seil (damit es die Distanz zum Schirm selbst bestimmen kann) und schnappen den Schirm auf und zu.
- Verkürzen Sie das Führseil und gewöhnen es an das Auf- und Zuschnappen in Nähe seines Kopfes und Körpers.
- In der letzten Übungsphase lässt Ihr Helfer den Schirm auf- und zuschnappen, während Sie vorübergehen.

- Wiederholen Sie diese Übung an verschiedenen Orten – auch außerhalb Ihrer Reitanlage.

8. Plane

Im Laufe seines Lebens betritt das Pferd die unterschiedlichsten Böden – harte, weiche, helle,

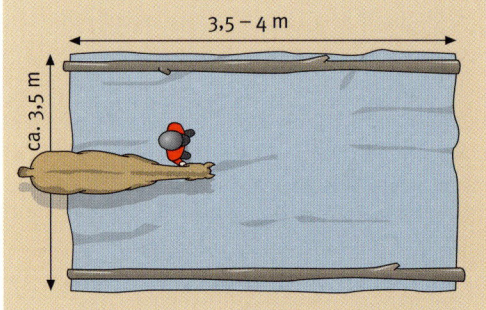

Ziel der Planen-Übung: Ihr Pferd folgt Ihnen vertrauensvoll auf und über den ungewohnten Untergrund.

dunkle, nasse, schneebedeckte, nachgebende, vibrierende, Geräusche produzierende … würde es hier jedesmal schreckerfüllt reagieren, könnte es seinen Führer oder Reiter in große Schwierigkeiten bringen. Die Planen-Aufgabe (siehe Grafik Seite 81) prüft daher, ob Ihr Pferd über so viel grundsätzliche Gelassenheit verfügt, dass es Ihnen vertrauensvoll über einen Boden folgt, der befremdlich ausschaut, sich anders unter seinen Hufen anfühlt und anhört und den es eigentlich leicht umgehen könnte.

Tipps für Training und Wettkampf

- Gehen Sie vor, wie bei den Fortgeschrittenen-Übungen auf Seite 49 beschrieben.
- Ob Sie Decken, Bettlaken oder Planen verwenden, ist unerheblich – der »Bodendecker« muss nur reißfest sein, damit sich Ihr Pferd nicht mit den Hufen darin verfangen kann.
- Außerdem sollten Plane oder Decke fest auf dem Boden liegen und sich nicht verschieben oder dem Pferd um die Beine wedeln können.
- Einem ängstlichen Pferde erleichtern Sie den Einstieg in diese Übung, indem Sie alte schwere Teppiche in der Stallgasse auslegen, über die es täglich laufen muss. Auch schwere Gummimatten werden gut angenommen.
- Gehen Sie in Sicht- und Hörweite viele Male über die Decke oder Plane, trampeln Sie darauf herum und platzieren Sie Futterhäufchen an den Rand.
- Zwingen Sie es niemals, die ganze Plane oder Decke sofort in einem Zug zu überqueren, sondern lassen es erst seine Hufe einzeln darauf setzen. So überprüft es die Trittfestigkeit des Untergrunds und fasst Vertrauen.

- Üben Sie mit unterschiedlichen Materialien und vor allem auch verschiedenen Farben. Dunkle Planen werden leichter akzeptiert als helle, die im Sonnenlicht stark glitzern.

9. Rappelsack

Scheppernde Laute oder Geräusche von Dingen, die zu Boden fallen, gehören zum Alltag, sogar in Stall und Hof. Das Pferd muss also lernen, solche Begegnungen mit der Menschenwelt als harmlos zu erkennen. Genau diese Grundeinstellung überprüft die Rappel-

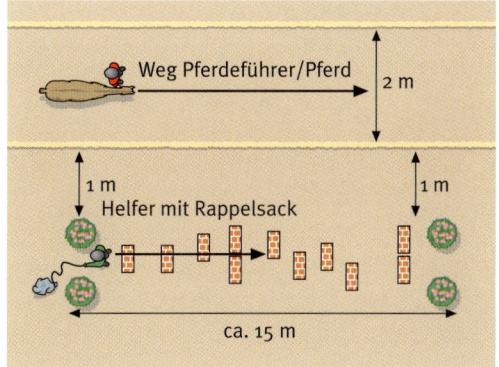

sack-Aufgabe in der GHP (Grafik Seite 81), bei der ein mit Konservendosen gefüllter Sack an einem Seil über auf dem Boden platzierte Ziegelsteine neben dem von Ihnen geführten Pferd hergezogen wird. Ihr Pferd sollte die markierte Gasse nicht verlassen.

Tipps für Training und Wettkampf:
- Beim Training erfolgt die Gewöhnung wieder schrittweise – zunächst an den Plastiksack. Ihr Pferd soll sich nicht nur mit ihm berühren lassen, sondern auch akzeptieren, dass Sie ihn neben und hinter ihm über den Boden schleifen.
- Diese Übung können Sie auch aufs Reiten ausdehnen, indem Sie den Sack hinter sich herziehen.
- Die nächste Phase gewöhnt Ihr Pferd an die Geräusche der scheppernden Konservendosen. Beginnen Sie mit zwei oder drei Dosen in einer Einkaufstüte, die Sie mit sich herumtragen und über den Boden ziehen. Später arbeiten Sie mit mehreren Dosen in einem größeren Sack.
- Anschließend lassen sich beide für das Pferd neue Erfahrungen problemlos kombinieren. Nun kommt ein Helfer ins Spiel und zieht

Übungen mit dem Rappelsack lassen sich gut in den Reitalltag einbauen.

den Sack an einem langen Seil, so dass er immer kurz hinter dem Pferd über den Boden schleift.
- Zuletzt bauen Sie zusätzliche Bodenhindernisse auf (es können auch Cavaletti sein), über die Ihr Helfer den Sack »hüpfen« lässt.

10. Stillstehen

Gerade weil das Pferd zu den Fluchttierarten gehört, ist es auch ein guter »Steher«. In der Wildnis bewegt es sich überwiegend in sehr langsamem Tempo, dem Weideschritt, über die Steppe; zwischendurch döst es im Stehen. Nur junge Pferde spielen und rangeln häufiger. So spart es Energie für die Flucht. Laute

Die Rappelsack-Aufgabe fordert Gelassenheit, während ein Helfer den mit Konservendosen gefüllten Sack hinter dem Pferd über kleine Hindernisse »hüpfen« lässt.

oder unerwartete Geräusche allerdings alarmieren es sofort und versetzen es in Fluchtbereitschaft. Verständlich also, dass wir uns ein Pferd wünschen, das nicht bei jedem unerwarteten Laut der Schreck durchzuckt. Diese gewünschte Reaktion überprüft die Aufgabe »Stillstehen« der GHP.

Nach zirka 10 Sekunden des Stillstehens (genauer Aufbau siehe Grafik) schaltet ein Helfer einen Kassettenrekorder mit einem lauten Zischgeräusch ein. Trotz dieses unangenehmen akustischen Reizes soll Ihr Pferd noch weitere 20 Sekunden lang am durchhängenden Zügel stillstehen. Es darf dabei nach allen Richtungen schauen.

Tipps für Training und Wettkampf:
- Für diese Aufgabe zielt Ihr Training auf eine Stärkung sowohl des Vertrauens als auch des Gehorsams ab.
- Nehmen Sie mit einem Kassettenrekorder möglichst verschiedene unangenehme, zi-

Wichtig ist, dass die Stillsteh-Übungen in jeder Umgebung und auch bei Geräuschkulisse funktionieren.

schende Geräusche auf (zum Beispiel vom Luftdruckprüfgerät an Ihrer Tankstelle).
- Da die Stillsteh-Übung zu den grundlegenden Basics gehört und Ihrem Pferd sicherlich keine Probleme bereitet, üben Sie zunächst gezielt das Stillstehen in auf dem Boden ausgelegten oder aufgezeichneten Mustern – zunächst vor einer einzigen Begrenzungslinie, später auch in drei- und vierseitig geschlossenen Quadraten.
- Machen Sie dann Ihr frei laufendes Pferd im Longierring mit den Zischgeräuschen vom Rekorder vertraut. Spielen Sie sie erst leise und kontinuierlich, später lauter und mit Unterbrechungen (durch das Ein- und Ausschalten) ab.
- Lassen Sie Ihr Pferd im Roundpen stillstehen und »überraschen« es mit dem Geräusch.
- Klappt dies, stellen Sie die endgültige Übung nach, bei der Sie Ihr Pferd in das Bodenquadrat führen und am Strick halten, während ein Helfer den Rekorder bedient.

Teilnahme an Veranstaltungen

Gelassenheitsprüfungen für Sport- und Freizeitpferde werden Sie von nun an häufiger in den Veranstaltungskalendern von pferdesportlichen Vereinigungen und Verbänden finden. Viele werden sicherlich zunächst im Rahmen von größeren Turnieren oder Breitensport-Festivals stattfinden; doch natürlich ist zu erwarten, dass auch immer mehr Vereine in Ihrer näheren Umgebung die Prüfung in Ihre Veranstaltungspalette aufnehmen – für Sie die ideale Gelegenheit, mit Ihrem Pferd teilzunehmen, um hier Ihr Können vor Publikum unter Beweis zu stellen. Vorfreude allein genügt allerdings nicht. Auch ein bißchen Planung und Organisation muss sein… denn was nützt es, wenn Ihr Pferd nun zwar gelassen die unterschiedlichsten Herausforderungen bewältigt, Sie selbst aber schon vor der Veranstaltung »die Nerven verlieren«?!

Tipps für die Planungsphase
Wer veranstaltet eine GHP?
Überprüfen Sie zunächst das Angebot der nächsten Monate. Vorankündigungen und Termine finden Sie – in Zukunft vermutlich häufiger – in regionalen und überregionalen Pferdesportmagazinen sowie auf den Internet-Seiten der Deutschen Reiterlichen Vereinigung e. V./FN (www.pferd-aktuell.de, dort weiter zu »Sport«, dann »Themen« und »Breitensport«).

Wo findet die Prüfung statt?
Wird die GHP nicht von Ihrem eigenen Verein oder einem Verein in direkter Nachbarschaft veranstaltet, müssen Sie Ihr Pferd zum Veranstaltungsort transportieren. Klären Sie im Vorfeld genau das Wie und Wer sowie sämtliche Bedingungen einschließlich eventueller Mietgebühren (z. B. für den gewerblichen Pferdetransporteur) und Kosten für Versicherungen.

Wann findet der Wettbewerb statt?
Das Veranstaltungsdatum muss in Ihren persönlichen Terminplan passen und darf Sie keinesfalls unter Druck setzen.

Ist mein Pferd reif für die Veranstaltungsteilnahme?
Auch wenn Sie überzeugt sind, dass es die in der Prüfung geforderten Aufgaben leicht bewältigt, überdenken Sie gründlich die Begleitumstände einer Veranstaltungsteilnahme. Ist es ausreichend ans Verladen und Hängerfahren gewöhnt? Bleibt es auch in einer gänzlich unbekannten Atmosphäre und im Beisein vieler fremder Pferde ruhig? Wie reagiert es auf die Zuschauermenge und die damit verbundenen neuen Geräusche (Musik, Lautsprecher, Applaus)? Bereiten Sie es auch auf diese Komponenten vor, indem Sie häufig an Sonn- und Feiertagen zu benachbarten Reitvereinen oder zu einem Fußballplatz reiten oder auch einmal dorthin verladen, um ihm neue Eindrücke zu verschaffen.

Ist unsere Ausrüstung vollständig?
Sicher möchten Sie sich und Ihr Pferd bei der Prüfung optimal präsentieren, vielleicht ein neues Halfter, einen farblich passenden Führstrick und ebensolche Bandagen kaufen und Ihre eigene Kleidung darauf abstimmen. Kümmern Sie sich frühzeitig darum, auch um sicherzustellen, dass die gekauften Produkte einwandfrei sind und Ihrem Pferd bzw. Ihnen richtig passen.

Brauche ich einen speziellen Trainingsplan?
Beschäftigen Sie Ihr Pferd abwechslungsreich, aber überstrapazieren Sie es nicht, indem Sie

Planen Sie Zeitpuffer ein, damit der Veranstaltungstag nicht in Hektik ausartet.

spezielle Übungen, die »nicht so recht sitzen« wieder und wieder trainieren. Absolvieren Sie die Prüfungsaufgaben nicht mehr als drei Tage pro Woche und jedesmal nur kurz. Sonst wird Ihr Pferd missmutig. Viel wichtiger sind Ausritte im Schritt und Trab, die dem Pferd Spaß machen. Ist es als Handpferd ausgebildet, darf es auch neben einem sicheren Führpferd mit ins Gelände. In der letzten Woche vor dem Start lassen Sie das Spezialtraining vollständig weg. Was bis jetzt nicht klappt, lässt sich binnen einer Woche nicht nachholen. Stattdessen gönnen Sie sich und Ihrem Pferd entspannende Ausritte mit langen Trabreprisen.

Ihre persönliche Checkliste:
- Ausschreibungsunterlagen anfordern,
- Nennung einreichen,
- Nenngebühr überweisen,
- Termine für Impfung, Wurmkur und Beschlag auf Veranstaltungstermin abstimmen (nicht später als 10 Tage vor Termin),
- Equidenpass und Impfbescheinigung bereitlegen,
- bei weiteren Fahrten Übernachtung (Stallzelt, Gaststall, Pension, Zelt) organisieren,
- Transporter mieten/eigenes Gespann auf technische Sicherheit überprüfen,

> Damit die Arbeit mit der Checkliste funktioniert, tragen Sie alle Termine zusätzlich in Ihren Terminkalender ein und planen Zeitpolster ein. Haken Sie alles, was Sie bereits erledigt haben, deutlich sichtbar ab.

- Fahrzeugpapiere bereitlegen,
- Route festlegen, Wegbeschreibung ins Zugfahrzeug legen,
- Besen, Schaufel, Mistgabel und Müllsack für Transport nicht vergessen!
- Ausrüstung fürs Pferd vorbereiten (Transporthalfter, Strick, Transportgamaschen, evtl. Transportdecke, Heunetz, Wassereimer und Frischwasser-Kanister, Putzzeug, Erste Hilfe-Kasten, Notbeschlagwerkzeug, Vorführhalfter und -strick, Vorführbandagen, Abschwitzdecke, Heu, Kraftfutter, Leckerwürfel),
- eigene Ausrüstung vorbereiten (Kleidung für unterwegs, Kleidung und Schuhe für die Prüfung, Handschuhe nicht vergessen!, Waschzeug, Kosmetika, Regenschutz),
- Handy (bei Übernachtung auch Ladestation) bereitlegen,
- Geld, Scheckkarte, Ausweis, Sonstiges (Lesebrille…) nicht vergessen!

Es ist soweit!
Irgendwann sehen Sie auf dem Kalender: »Morgen geht es los!« Halten Sie sich den

> ### Tipp gegen den Stress:
> Fragen Sie sich in einer Stresssituation sofort: »Was wäre, wenn ich nicht an dieser Veranstaltung teilnähme?« Die Antwort lautet: »Davon geht die Welt keinesfalls unter!« Das Schlimmste, was passieren kann, ist dass das Nenngeld nicht zurückerstattet wird und die Pension Ihnen das Zimmer berechnet. Ihrem Pferd ist das völlig gleichgültig!

Vortag der Veranstaltung (und den Tag der Rückkunft) frei. So können sie in Ruhe die letzten Punkte auf Ihrer Checkliste erledigen und haben genügend Zeit, Ihr Pferd spielerisch zu bewegen. Anschließend machen Sie es für seinen großen Auftritt fein: Fell, Mähne und Schweif waschen und die Hufe einbalsamieren. Müssen sie Ihr Pferd zum Veranstaltungsort verladen, starten Sie am nächsten Morgen früh. So können Sie sich für die Fahrt Zeit nehmen und kommen erholter ans Ziel. Geraten Sie in einen Stau oder verfahren Sie sich, geraten Sie nicht in Panik. Fahren Sie niemals allein, sondern immer mit einer erfahrenen Begleitperson!

Am Veranstaltungsort

Bewahren Sie auch Ruhe bei der Parkplatzsuche. Lassen Sie Ihr Pferd im Hänger, während Sie oder Ihr Begleiter zur Meldestelle gehen und die Formalitäten erledigen. Erkunden Sie die Gegebenheiten des Veranstaltungsortes, des Vorbereitungsplatzes und der Bahn, auf der die Prüfung stattfinden wird. Lassen Sie sich Ihre Startnummer geben und die Startzeit nennen. Haben Sie alle Informationen zusammen, laden Sie Ihr Pferd ruhig

aus, binden es am Hänger an und reichen ihm etwas Heu, bis es sich an die neue Umgebung gewöhnt hat. Manchmal ist es auch gestattet, einen mobilen, mit Elektrobändern eingezäunten Minipaddock um den Hänger zu bauen. Ansonsten gehen Sie mit Ihrem Pferd eine Weile spazieren und lassen es an der Hand grasen. Schaffen Sie ihm und sich eine entspannte Atmosphäre bis zum Start.
Und nun – toi, toi, toi…

Vor der Prüfung

Zuerst wärmen Sie sich und Ihr Pferd auf dem Vorbereitungsplatz auf. Hier mag es durchaus noch ein wenig herumschauen und nervös reagieren. Sicher spürt es auch Ihre Aufregung! Versuchen Sie, Ihre Atmung zu kontrollieren, indem Sie vor allem besonders langsam ausatmen. Singen Sie leise, um den Atemrhythmus zu stabilisieren. Denken Sie einfach, Sie gingen mit Ihrem Pferd spazieren – so wie Sie es schon unzählige Male daheim und im Gelände getan haben. Gestalten Sie die Situation so alltäglich und normal wie möglich. Führen Sie Ihr Pferd gelassen zum Prüfungsplatz.

Während der Prüfung

Hier lernen Sie den Richter kennen. Folgen Sie einfach seinen Anweisungen und den Bitten der Hilfspersonen und denken Sie immer daran: Es sind Menschen wie Sie und ich! Und da diese Prüfung sehr neu im Wettkampfprogramm ist, haben auch Richter und Helfer noch keine großen Erfahrungen und müssen vielleicht hier und da improvisieren. Konzentrieren Sie sich auf Ihr Pferd, sprechen Sie leise mit ihm und behalten – wie Sie es von daheim gewohnt sind – Ihr Umfeld im Auge. Nun geht es los und Sie absolvieren den Prüfungsparcours! Geraten Sie nicht in Hektik, wenn Ihr Pferd nervös wird, zuckt, sich widersetzt oder gar zur Seite springt. Sie haben drei Versuche pro Aufgabe. Denken Sie immer daran: Sie sind das Leitpferd! Beenden Sie die Prüfung in Ruhe, ohne groß über das Resultat nachzudenken. Nehmen Sie die Wertnote entgegen und bleiben Sie selbst gelassen dabei, gleichgültig, welche Wertung man Ihnen und Ihrem Pferd zuspricht. Danken Sie Richter und Helfern freundlich und führen Ihr Pferd zum Hänger zurück.

Nach der Prüfung

Auch nach der Prüfung bewahren Sie Souveränität. Natürlich dürfen Sie sich freuen, wenn Sie und Ihr Pferd gut abgeschnitten haben – aber seien Sie nicht zu bekümmert, wenn die Wertnote nicht ganz Ihren (Wunsch-)Vorstellungen entspricht. Ihre Teilnahme war auf jeden Fall eine interessante und wertvolle neue Erfahrung, aus der Sie und Ihr Pferd viel lernen können. Verladen Sie Ihr Pferd, fahren Sie entspannt nach Hause. Nehmen Sie Ihrem Pferd daheim die Transportausrüstung ab, bringen es in seinen Stall oder Paddock und laden Zugfahrzeug und Hänger

aus. Reinigen Sie den Hänger und bringen ihn – je nach Vereinbarung – zum Besitzer zurück oder parken Ihr eigenes Fahrzeug auf seinem Parkplatz. Gönnen Sie sich und Ihrem Pferd eine Verschnaufpause, zum Beispiel beim gemeinsamen Spaziergang. Oder schauen Sie ihm und seinen Artgenossen vom Weidezaun aus zu. Sie sind an diesem Tag einen großen Schritt weitergekommen!

Wettbewerb in Eigenregie

Vielleicht unterhalten Sie selbst einen kleinen Reitbetrieb oder glauben, die Reitanlage, in der Ihr Pferd steht, wäre gut geeignet, auch einmal eine GHP in Eigenregie zu veranstalten. Sicher werden Sie damit bei Ihren Reiterfreunden und Nachbarvereinen auf großes Interesse stoßen. Zwar bedarf es umfangreicher Vorbereitungen, aber das sollte Sie nicht von der Verwirklichung Ihrer Idee abhalten. Der spielerisch-sportliche Leistungsvergleich hat eine hohe Motivationskraft und wird dem Pferd zahlreiche neue Freunde gewinnen!

Erste Überlegungen

Die Deutsche Reiterliche Vereinigung e.V. hat für den Umfang und Ablauf der Prüfung genaue Vorgaben entwickelt, die Sie dem entsprechenden Merkblatt entnehmen und an denen Sie sich orientieren können. Klären Sie darüber hinaus folgende Fragen:

Erfüllt Ihre Anlage die räumlichen Voraussetzungen?
Es müssen zwei voneinander getrennte eingefriedete Außenplätze, alternativ eine Halle und ein Außenplatz oder gar zwei Hallen vorhanden sein. Existiert nur eine Reitbahn, können Sie sich möglicherweise mit einer ebenen,

---

Ein kleiner Trick:

Sie bleiben entspannter, wenn Sie auf eine lockere Nacken- und Schultermuskulatur achten. Und lächeln Sie! Durch das Lächeln setzt Ihr Gehirn Endorphine – glücksbringene Botenstoffe – frei, die Sie in eine positive Stimmung versetzen. Tun Sie so, »als ob« Ihnen schon alles gelungen sei. Diese »Als-Ob«-Übung zählt zu den erfolgversprechendsten Management-Techniken, die viele große Unternehmer mit erstaunlichen Resultaten seit Jahren anwenden.

Auch die Frage der Parkmöglichkeiten muss im Vorfeld geklärt werden.

Markierungspunkte, große Decken zum Herstellen der künstlichen »Hecken«, Luftballons, Ziegelsteine, Flatterband, Mülltonnen, Müllsäcke, Bälle, 2 Automatikschirme, 2 normale Regenschirme, 1 reißfeste Plane 3,5 Meter x 4 Meter, 1 Rappelsack (Jute- oder Plastiksack, gefüllt mit mindestens 10 leeren Konservendosen), 3 Meter langes Seil, Kassettenrekorder. Darüber hinaus sind Tisch und Stuhl für den Richter erforderlich, die am besten unter einem schützenden Zeltdach aufgestellt werden; ebenso eine Lautsprecheranlage für Moderation und Kommentare.

Wie viele Teilnehmer können maximal starten?
Die Prüfungsordnung schreibt pro Pferd höchstens fünf Minuten für sämtliche Prüfungsaufgaben vor. In dieser Zeit sind auch erlaubte Fehlversuche enthalten. Wie viele Teilnehmer insgesamt starten sollen oder dürfen, hängt davon ab, ob Sie ausschließlich eine GHP veranstalten oder die GHP im Rahmen eines Hausturniers mit weiteren Wettbewerben anbieten.

Wer könnte als Richter fungieren?
Sie brauchen einen zugelassenen Richter (z. B. Dressur/Springen bis Klasse L). Wünschens-

kurz gemähten Wiese behelfen, die Sie als Vorbereitungsplatz mit Federstäben und Elektrobreitbändern einfrieden.

Können Sie die für die Prüfung erforderlichen Hilfsmittel beschaffen?
Diese Frage lässt sich sicher mit Ja beantworten, denn Hindernisständer und Cavaletti oder Cavaletti-ähnliche Stangen sind fast in jeder Reitanlage vorhanden oder lassen sich vom Nachbarverein beschaffen. Ersatzweise können Sie auch Strohballen verwenden. Zusätzlich benötigen Sie Sägemehl für die Bodenmarkierungen, Blumenkübel oder stabile Eimer als

Extratipp:
Eine schöne Werbung für Ihren Betrieb sind Tränkeimer, auf die Sie Ihr Logo kleben. So kann jeder Teilnehmer sein Pferd aus einen sauberen Eimer tränken und trägt eine praktische Erinnerung heim.

wert ist eine zweite Person mit Trainer-C/B-Qualifikation.

Wie bringen Sie die Pferde der Teilnehmer unter?
Voraussichtlich werden zahlreiche Teilnehmer mit Zugfahrzeug und Hänger anreisen und ihre Pferde nicht gern den ganzen Tag im Hänger stehen lassen. Angebunden am Hänger kann ein Pferd jedoch nicht unbeaufsichtigt stehen bleiben. Überdenken Sie die Möglichkeit, E-Zaun-Kleinpaddocks in den Abmessungen 4 Meter mal 4 Meter aufzubauen. Die einmalige Investition in das Zaunmaterial macht sich bezahlt, wenn Sie damit nach der Veranstaltung Ihre eigenen Auslaufmöglichkeiten erweitern wollen. Zusätzliche stabile Anbindevorrichtungen in überwachten Bereichen, die aber vor neugierigen Zuschauern geschützt sind, werden gern angenommen.

Welchen Zuschauerkomfort bietet Ihre Anlage?
Zuschauer möchten »sauberen Fußes« gehen. Der Boden sollte also weitgehend befestigt sein (notfalls durch breite Holzplanken). Überdachte Bereiche, zum Beispiel Partyzelte und Sonnenschirme, geben Schutz vor zu viel Sonne oder Regen. Bänke (aus dem Party-Verleihbetrieb) schaffen Bequemlichkeit. Sind zu wenige Toiletten vorhanden, müssen Chemie-WC's hinzu gemietet werden. Die Ausgabe von Imbissen und Getränken kann von Vereinsmitgliedern übernommen werden.

Verfügen Sie über ausreichende Parkmöglichkeiten?
Falls Ihr Betrieb nicht über genügend Parkplätze verfügt, reservieren Sie hierfür am bes-

ten eine große, ebene Weide, die für Teilnehmerfahrzeuge (mit Hänger) und für Zuschauer geteilt wird. Stellen Sie überall große, gut lesbare Hinweisschilder auf.

Wie wollen Sie Teilnehmer und Zuschauer bewirten?
Freier Eintritt für die Zuschauer fördert den Umsatz an den Imbiss-Ständen. Hängen Sie frühzeitig Listen aus, auf denen Ihre Einsteller oder Vereinsmitglieder vermerken, wer hilft und wer Sachspenden (Kuchen, usw.) zur Verfügung stellt.

Die Kiddies unter den Zuschauern haben bestimmt viel Spaß am Ponyreiten.

Checkliste – Einzelschritte:

- Festlegen von Veranstaltungsdatum und Umfang
- Benennen des Richters,
- Mitteilungen an FN und Presse,
- Benennen des Sprechers/Moderators, der durch die Veranstaltung führt und die Prüfungsdurchläufe kommentiert,
- Benennen der Helfer,
- Besorgen/Bereitreitstellen der Hilfsmittel, GHP-Pässe und Erinnerungsschleifen und der für sonstige Programmpunkte benötigten Teile,
- Organisieren von Imbisswaren und Getränken,
- Reservieren der Sitzbänke, Zelte und Chemie-WC's,
- Vorbereiten bzw. Ausstatten von Vorbereitungs- und Prüfungsplatz,
- Vorbereiten von Parkplätzen und Gastpaddocks,
- Anbringen von Wegweisern und Hinweisschildern.

Möchten Sie ein Rahmenprogramm anbieten?
Ein buntes Rahmenprogramm findet immer Beifall bei den Zuschauern. Kinder freuen sich über die Möglichkeit zum Ponyreiten oder Miniwettbewerbe (Steckenpferdrennen, Sackhüpfen, Schubkarren-Wettlauf), Erwachsene über Schaueinlagen.

Wie wird die Veranstaltung finanziert?.
Die Organisation einer Veranstaltung kostet Zeit, Kraft und Geld. Prüfungs- und Vorbereitungsplätze müssen hergerichtet, Parkplätze geschaffen, Sitzbänke, Buden, Zelte und Chemie-WC's gemietet werden. Speziell für die GHP kommt noch die Erstellung und Bearbeitung des GHP-Passes hinzu sowie der Ankauf der Erinnerungsschleifen. Als Verein finanzieren Sie die Kosten aus der Vereinskasse vor und decken sie später aus den Nenngebühren (Euro 10 für die GHP). Gastpaddocks oder Gastboxen berechnen Sie extra. Versuchen Sie, Sponsoren zu finden, die Ihre Veranstaltung mit einer Geldspritze unterstützen.

Wie werben Sie für die Veranstaltung?
Teilen Sie den Prüfungstermin frühzeitig der Deutschen Reiterlichen Vereinigung e.V. mit. Versenden Sie Presseinformationen an die Redaktionen von Pferdefachzeitschriften, Tageszeitungen und Anzeigenwochenblätter. Laden Sie die Vertreter der Lokalpresse persönlich zur Veranstaltung ein.

Wie kalkulieren Sie den Zeitbedarf?
Stellen Sie die Prüfungsgegebenheiten provisorisch nach und veranstalten einige Probedurchläufe. Möchten Sie zusätzliche Wettbewerbe und ein Rahmenprogramm durchführen, machen Sie auch für diese Programmpunkte die entsprechenden Probeläufe. Notieren Sie die benötigten Zeitspannen. Addieren hierauf ein Zeitpolster von 20%. Stellen Sie auf der Grundlage der hierbei ermittelten Zeiten einen präzisen schriftlichen Zeitplan auf.

Der Prüfungstag

Durch die gründliche – und auch Zeit aufwändige – Vorbereitungsphase sollte die Durchführung der einzelnen Programmpunkte am Prüfungstag kaum Probleme bereiten. Dabei beachten Sie bitte Folgendes:

- Die Prüfungsaufgaben sind vollständig vorbereitet; die hierfür erforderlichen Hilfsmittel liegen bereit.

- Die Mitarbeiter an Kasse, Meldestelle und am Start/Ziel-Punkt des Prüfungsplatzes nehmen frühzeitig ihre Plätze ein.
- Die Lautsprecheranlage ist voll funktionsfähig.
- Helfen stehen bereit, um Teilnehmer und Zuschauer auf den Parkplätzen einzuweisen. Sie weisen ebenfalls Gastpaddocks oder Stallzelte zu.
- Für den Richter steht der Richtertisch bereit.
- Zum offiziellen Beginn der Veranstaltung begrüßt der Gastgeber oder sein Sprecher Teilnehmer und Zuschauer, bedankt sich für ihr Kommen und erläutert das Tagesprogramm mit eventuellen weiteren Veranstaltungspunkten und Schaueinlagen.
- Danach beginnt die Prüfung, kommentiert durch den Moderator.
- Nach jeder Prüfung erfolgt die Bewertung durch den Richter. Sie sollte möglichst auch freundlich kommentiert werden.
- Je nach Gesamtanzahl der Teilnehmer werden Pausen eingelegt, um den Gästen die Möglichkeit zu einem Imbiss zu geben oder einen Teil des Schauprogramms zu zeigen.
- Auch das Ende der Veranstaltung wird angesagt, um Teilnehmer und Gästen noch einmal zu danken und ihnen eine gute Heimfahrt zu wünschen.

Tipps für die »Nachsorge«

- Helfer sorgen für eine zügige, reibungslose Abfahrt von den Parkplätzen, vor allem im Bereich der Parkplätze für Pferdeanhänger.
- Absperrungen und sonstige Trennvorrichtungen werden entfernt, nicht mehr benutzte Gastpaddocks abgebaut.
- Die für die Prüfung bereitgestellten Objekte werden ebenfalls vom Prüfungsplatz entfernt und am vorgesehenen Ort gelagert.
- Miet-WC's, eventuell gemietete Zuschauertribünen und -bänke werden zum Verleiher zurücktransportiert bzw. zur Rückholung angemeldet.
- Infostände und Imbissbuden werden abgebaut.
- Die Reitanlage wird wieder instand gesetzt: Müll wird entsorgt, die als Parkplätze genutzen Weiden abgeschleppt, Hallen- oder Reitbahnböden aufgearbeitet.
- Im Nachgespräch wird der Veranstaltungstag diskutiert, das Ergebnis möglichst schriftlich festgehalten.
- Der Kassenwart erarbeitet seinen Kassenbericht.

Lernen aus Erfahrungen

Nach jeder großen Veranstaltung – sei es ein Examensball, ein Messeauftritt oder die Teilnahme an einer Gelassenheitsprüfung – atmet man erst einmal auf. Sie halten nun Rückblick und spielen jede Einzelheit des Tages noch einmal vor Ihrem geistigen Auge ab. Wie hat sich Ihr Pferd am Prüfungsort benommen? War es aufgeregt oder so »cool«, wie es sich mittlerweile daheim benimmt? Hat es vielleicht doch noch mit Unruhe auf die fremde Umgebung reagiert? Für den Fall, dass es so war, seien Sie ihm nicht böse.

Nehmen Sie rückblickend auch Ihr eigenes Verhalten noch einmal unter die Lupe. Waren Sie so souverän, wie Sie es sich vorgenommen hatten? Akzeptieren Sie, dass auch Sie »nur ein Mensch« sind und dass es natürlich ist, ein wenig (oder auch sehr) aufgeregt zu sein.

Analysieren Sie die Prüfungsaufgaben genau: Wie hat Ihr Pferd bei welcher Aufgabe reagiert? Wo hat es gezögert, wo viel mutiger mitgemacht, als Sie erwartet hatten? Eine solche

Als »Leitpferd Mensch« haben Sie selbst den Schlüssel zur Gelassenheit Ihres Pferdes in der Hand.

Analyse vermittelt Ihnen wertvolle Hinweise, an welchen Punkten Sie in Zukunft möglicherweise noch arbeiten und wo Sie Ihr Training vertiefen könnten. Erinnern Sie sich aber bitte auch daran, dass Ihr Pferd anders denkt als Sie. Es hat zwar gelernt, Gedankenbrücken herzustellen – aber erregt durch die Wettkampfatmosphäre kann es auch passieren, dass eine solche Gedankenbrücke nicht zustande kommt. Tragen Sie ihm dies keinesfalls nach.

Vielleicht aber haben Sie – trotz Ihrer Bedenken – ganz hervorragend abgeschnitten und eine sehr gute Wertnote heimgetragen? Bedanken Sie sich bei Ihrem Pferd für seine Mitarbeit und seien Sie auch stolz auf sich selbst. Freuen dürfen Sie sich auf jeden Fall, gleichgültig, wie der Wettkampf nun ausgefallen sein mag. Belohnen Sie sich und Ihr Pferd auf eine Weise, die Ihnen beide Freude bringt. Und bringen Sie den Mut auf, auch bei der nächsten Gelassenheitsprüfung für Sport- und Freizeitpferde wieder dabei zu sein. Sie helfen damit dem Pferdesport einen großen Schritt weiter!

Auf einen Blick

Was ist Gelassenheit?

- *Gelassenheit* ist die Fähigkeit, allem Geschehen die notwendige Aufmerksamkeit zu schenken, jedoch stets überlegt und in Ruhe darauf zu reagieren. Ein gelassenes Pferd ist wach und interessiert, jedoch nicht schreckhaft. Es vertraut dem Menschen.
- Gelassenheit entsteht, wenn ein Lebewesen die Lebensqualität vorfindet, die seine ihm angeborenen Verhaltensweisen und Bedürfnisse erfüllt und sein *körperliches und psychisches Wohlbefinden* erhält. Beim Pferd bedeutet dies eine Haltungsform mit vielen Wahrnehmungsreizen, Frischluft, artgemäßer Fütterung, regelmäßiger Bewegung und Kontakt zum Artgenossen.
- Eine weitere Grundvoraussetzung für Gelassenheit ist, dass das Pferd dem Menschen *Respekt und Vertrauen* entgegenbringt. Nur dann ist es bereit, ihm zu gehorchen.
- Respekt und Vertrauen erwirbt nur derjenige Mensch, der in der Lage ist, dem Pferd gegenüber immer und überall die Rolle des Leitpferdes einzunehmen. Einem Menschen zu gehorchen, der im Rang neben oder unter ihm steht, widerspricht dem Überlebensinstinkt des Pferdes. Es fühlt sich in Gefahrensituationen auf sich selbst gestellt.

Achtung und Vertrauen sind die Grundsteine für Harmonie zwischen Mensch und Pferd.

- Zum *Leitpferd* wird der Mensch, indem er lernt, das Pferd so zu »führen« (= leiten), wie es das ranghöchste Pferd in der Herde tun würde.
- Dieses erwünschte Verhalten lässt sich durch einfache *Führ- und Stillsteh-Übungen* herstellen. Bei diesen Übungen wird das Pferd sensibilisiert, dem Menschen vollkommene Aufmerksamkeit zu schenken.
- Da die Gegenwart des Leitpferdes Sicherheit garantiert, orientiert sich das Pferd an dessen Verhalten in allen – auch ungewöhnlichen – Situationen. Bleibt das Leitpferd Mensch bei einer Begebenheit, die beim Pferd Angst auslösen könnte, gelassen, fällt es ihm leicht, ebenfalls ruhig zu bleiben. Reagiert das Leitpferd Mensch hingegen selbst voller Angst, gerät auch das Pferd in Panik und damit außer Kontrolle. Die Angst des Fluchttiers Pferd ist der häufigste Auslöser schwerer Unfälle. Dieses Wissen wird beim Gelassenheitstraining für Übungen mit außergewöhnlichen Dingen benutzt, um das Pferd zu *desensibilisieren.*
- Um die Sensibilität des Pferdes gegenüber den Anweisungen des Leitpferdes Mensch zu festigen und zugleich die Desensibilität gegenüber Umweltreizen zu fördern, baut das Gelassenheitstraining auf den Grundlagen des *Denkverhaltens des Pferdes* auf.
- Das Pferd denkt anders als der Mensch – nicht abstrakt, sondern situationsbezogen. Es betrachtet immer nur die jeweilige Situation und bewertet sie als gefährlich oder harmlos. Gelassenheitsübungen müssen daher dem Pferd schrittweise aufzeigen, dass Situationen, die es als gefährlich bewertet, eigentlich ungefährlich sind und ihm über *Gedankenbrücken* helfen, diese Erkenntnisse auch auf neue Erlebnisse zu übertragen.
- Gedankenbrücken kann das Pferd nur in einer *stressfreien Lernatmosphäre* herstellen. Aus diesem Grund wird das Pferd zunächst ausschließlich in einer vertrauten Umgebung mit Angstauslösern konfrontiert, um deren Harmlosigkeit zu entdecken und in logisch aufeinander aufbauenden durchdachten Schritten an eine neue Aufgabe nach der anderen herangeführt.
- Die letzte und wichtigste Gedankenbrücke, die das Pferd bauen lernt, ist die *Erkenntnis*, dass ihm im Beisein des »Leitpferdes Mensch« durch niemanden, nichts und nirgendwo Böses geschieht.

Literatur

Abdel-Kader, Dorothee: So lernen Pferde. Verhalten – Motivation – Praxis, BLV, München 2002

Diacont, Kerstin: Bodenarbeit mit Pferden, BLV, München 2001

Hackl, Bernd/Steen, Carola: Basistraining für Pferde. Richtig ausbilden, Problemen vorbeugen, BLV, München 2003

Lange, Christine: Gentle Training. Die Courtesy-Methode® für mehr Respekt und Vertrauen, Kretzschmar Verlagsgesellschaft, Münster 2001

Adressen

FN
Abt. Breitensport, Vereine und Betriebe
48229 Warendorf
Birgit Lietmann
Tel. 02581/6362537
blietmann@fn-dokr.de
www.pferd-aktuell.de

Zeitschrift »Cavallo«
Olgastr. 86
70180 Stuttgart
Ulrike Dobberthien
Tel. 0711/21080-78
Hannes Scholten
Tel. 0711/21080-78
redaktion@cavallo.de
www.cavallo.de

Know-how für die Reitausbildung

Bernd Hackl / Carola Steen
Basistraining für Pferde
Für alle Pferderassen und Reitweisen geeignet: die Ausbildung
junger Pferde von der ersten Kon-
taktaufnahme bis zum Anreiten;
mit vielen konkreten Beispielen
aus der Praxis: Problempferde
und deren Korrektur.

Kerstin Diacont
**Mit System
zum harmonischen Reiten**
Stimmig, logisch, eigenständig –
das neue Ausbildungs- und Train-
ingskonzept: die besten Lehr-
methoden aus allen Reitweisen,
sinnvoll kombiniert.

BLV Arbeitsbuch Pferd
Kerstin Diacont
Bodenarbeit mit Pferden
Psychologisches Grundwissen:
das artspezifische Verhalten der
Pferde und wie man es für die
Ausbildung nutzt; Praxis: Ausrüs-
tung, Übungsanleitungen aus
Dressur und Westernreiten, Bei-
spiele für die Korrektur verrit-
tener Pferde.

Stefan Radloff
Reitausbildung mit System
In Text und Grafik präzise demons-
triert: Grundlagen und systematisch aufgebaute Tageslektionen
für die Dressur- und die Spring-
ausbildung; die optimale Zusammenarbeit zwischen Reiter und
Pferd, die Aufgaben des Ausbil-
ders, Trainingsplanung.

Christine Lange
Was tun, wenn...
Pferde erziehen mit viel
Vergnügen
Mit pfiffigen Texten und witzigen
Illustrationen: Probleme im Um-
gang mit dem Pferd erkennen,
beheben und vermeiden; Ursach-
enanalyse, Maßnahmen zu ein-
fachen und pferdegerechten
Lösungen.

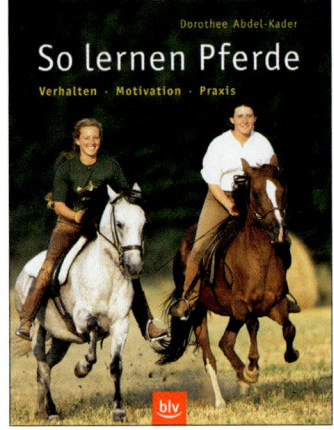

Dorothee Abdel-Kader
So lernen Pferde
Das Know-how für eine reitweisen-
übergreifende Verständigung zwischen Mensch und Pferd für die
tägliche Praxis und erfolgreiche
Ausbildung sowie eine vertrauensvolle Beziehung – ein einfühlsamer
Ratgeber für spezielle Problem-
lösungen.

BLV Arbeitsbuch Pferd
Rainer Hilbt
Longieren
Die Arbeit an der Longe: die kom-
plette Ausbildung für Einsteiger
und praxisbewährte Problemlösun-
gen für Fortgeschrittene; spezielle
Informationen für Voltigierer und
Fahrer; die Arbeit an der Doppel-
longe.

Im BLV Verlag   Garten und Zimmerpflanzen • Natur • Heimtiere •
finden Sie Bücher Jagd und Angeln • Pferde und Reiten • Sport und Fitness •
zu den Themen: Wandern und Alpinismus • Essen und Trinken

Ausführliche Informationen erhalten Sie bei:

BLV Verlagsgesellschaft mbH
Postfach 40 03 20 • 80703 München
Tel. 089 / 127 05-0 • Fax -543 • http://www.blv.de